学ぶ人は、
変えて
ゆく人だ。

目《め》の前《まえ》にある問題《もんだい》はもちろん、

人生《じんせい》の問《と》いや、社会《しゃかい》の課題《かだい》を自《みずか》ら見《み》つけ、

挑《いど》み続《つづ》けるために、人《ひと》は学《まな》ぶ。

「学《まな》び」で、少《すこ》しずつ世界《せかい》は変《か》えてゆける。

いつでも、どこでも、誰《だれ》でも、

学《まな》ぶことができる世《よ》の中《なか》へ。

旺文社《おうぶんしゃ》

小学6年生　大盛り！ 夏休みドリル 三訂版　別冊

算数　答えと解き方 ＋おかわりもんだい

1　5年生の復習

➡本冊1ページ

1 ① 9.28　② 0.4　③ 1.5　④ 0.34
⑤ $2\frac{2}{15}\left(\frac{32}{15}\right)$　⑥ 1　⑦ $2\frac{1}{10}\left(\frac{21}{10}\right)$　⑧ $\frac{14}{15}$

2 ① 38%　② 154%　③ 20.5%　④ 0.03
⑤ 0.005　⑥ 1.04

3 [式]（57＋52＋55＋51＋57＋50＋54＋52＋53＋55）÷10＝53.6
[答え]53.6g

4 ①F《エフ》　②G《ジー》　③F E《エフイー》　④H G《エイチジー》

解き方

1 ⑥ $\frac{1}{4}$＝0.25 より，0.25＋0.75＝1
または，0.75＝$\frac{3}{4}$ より，$\frac{1}{4}+\frac{3}{4}=1$
⑧ $\frac{2}{3}$は小数になおせないので，
1.6＝$\frac{8}{5}$ として計算します。

2 1は100%，0.1は10%，0.01は1%，0.001は0.1% です。

3 平均＝合計の重さ÷個数

4 右の図は，左の図を上下逆にしたものです。

2　文字と式 ①

➡本冊2ページ

1 ① x《エックス》×5　②[式]80×5＝400　[答え]400円
③[式]120×5＝600　[答え]600円

2 ① x《エックス》×6＋200
②[式]90×6＋200＝740　[答え]740円

3 ① 60÷x《エックス》
② [式]60÷5＝12　[答え]12cm

4 ① 1000÷x《エックス》
② [式]1000÷4＝250　[答え]250mL

解き方

それぞれ，次の式にあてはめます。

1 プリン1個の値段《ねだん》×個数＝代金

2 りんご6個の代金＋かご代＝代金の合計

3 面積÷横の長さ＝縦《たて》の長さ

4 ジュースの量÷人数＝一人分の量

おかわりもんだい

1000円を，兄と弟で分けます。
① 兄がx《エックス》円もらうとして，弟がもらう金額を式に表しましょう。
② 兄が700円もらうとき，弟はいくらもらいますか。

[答え] ① 1000－x《エックス》　② 300円

3　文字と式 ②

➡本冊3ページ

1 ① x《エックス》×2×3.14＝y《ワイ》
② [式]y《ワイ》＝5×2×3.14＝31.4　[答え]31.4
③ [式]x《エックス》×6.28＝47.1，x《エックス》＝7.5　[答え]7.5

2 ① x《エックス》×4＝y《ワイ》
② [式]x《エックス》×4＝72，x《エックス》＝18　[答え]18

3 ① x《エックス》×12＝y《ワイ》　② x《エックス》−3＝y《ワイ》　③ 200−x《エックス》＝y《ワイ》
④ 100＋x《エックス》＝y《ワイ》

算数

解き方

それぞれ，次の式にx《エックス》やy《ワイ》をあてはめ，その式にx《エックス》やy《ワイ》の値《あたい》をあてはめます。

1 半径×２×3.14＝円周

2 １辺の長さ×４＝正方形のまわりの長さ

3 ① 縦《たて》の長さ×横の長さ＝長方形の面積

② 初めの長さ－切り取った長さ＝残りの長さ

④ ノートの値段《ねだん》＋シャープペンシルの値段《ねだん》＝合計の代金

おかわりもんだい

りんごとバナナを合わせて10個買います。りんごをx《エックス》個買ったときのバナナの数をy《ワイ》個として，x《エックス》とy《ワイ》の関係を式に表しましょう。

［答え］x《エックス》＋y《ワイ》＝10

4 分数のかけ算 ①

➡本冊4ページ

1 ① $\frac{3}{4}\times5=\frac{3}{4}\times\frac{5}{1}=\frac{3\times5}{4\times1}=\frac{15}{4}\left(3\frac{3}{4}\right)$

② $4\times\frac{5}{6}=\frac{\overset{2}{\cancel{4}}\times5}{1\times\underset{3}{\cancel{6}}}=\frac{10}{3}\left(3\frac{1}{3}\right)$

③ $\frac{9}{20}$ ④ $\frac{3}{35}$ ⑤ $\frac{8}{15}$ ⑥ $\frac{5}{8}$ ⑦ $\frac{7}{24}$

⑧ $\frac{1}{14}$ ⑨ $\frac{1}{6}$ ⑩ $\frac{6}{35}$ ⑪ $\frac{2}{3}$ ⑫ 6

解き方

1 ⑥ $\frac{5}{6}\times\frac{3}{4}=\frac{5\times\overset{1}{\cancel{3}}}{\underset{2}{\cancel{6}}\times4}=\frac{5}{8}$ ⑨ $\frac{\overset{1}{\cancel{4}}\times\overset{1}{\cancel{3}}}{\underset{3}{\cancel{9}}\times\underset{2}{\cancel{8}}}=\frac{1}{6}$

⑩ $\frac{\overset{3}{\cancel{9}}\times\overset{2}{\cancel{4}}}{\underset{7}{\cancel{14}}\times\underset{5}{\cancel{15}}}=\frac{6}{35}$ ⑫ $\frac{\overset{3}{\cancel{9}}\times\overset{2}{\cancel{8}}}{\underset{1}{\cancel{4}}\times\underset{1}{\cancel{3}}}=\frac{6}{1}=6$

大切 約分が２回の場合があります。４と８は，２でわって２と４としても，まだ約分できることに注意しましょう。

おかわりもんだい

次の計算をしましょう。

① $\frac{1}{3}\times\frac{2}{5}$ ② $\frac{5}{12}\times\frac{4}{7}$ ③ $\frac{15}{16}\times\frac{8}{9}$

［答え］① $\frac{2}{15}$ ② $\frac{5}{21}$ ③ $\frac{5}{6}$

5 分数のかけ算 ②

➡本冊5ページ

1 ① $\frac{5}{7}\times1\frac{2}{3}=\frac{5}{7}\times\frac{5}{3}=\frac{25}{21}\left(1\frac{4}{21}\right)$ ② $\frac{7}{12}$

③ $\frac{1}{2}$ ④ $\frac{14}{15}$ ⑤ $\frac{7}{4}\left(1\frac{3}{4}\right)$

⑥ 6 ⑦ $\frac{35}{4}\left(8\frac{3}{4}\right)$ ⑧ $\frac{33}{4}\left(8\frac{1}{4}\right)$ ⑨ 28

⑩ $\frac{2}{9}\times\frac{6}{7}\times\frac{3}{4}=\frac{\overset{1}{\cancel{2}}\times\overset{\overset{1}{\cancel{2}}}{\cancel{6}}\times\overset{1}{\cancel{3}}}{\underset{\underset{1}{\cancel{3}}}{\cancel{9}}\times7\times\underset{\underset{1}{\cancel{2}}}{\cancel{4}}}=\frac{1}{7}$ ⑪ 4 ⑫ 1

解き方

1 ③ $\frac{1}{5}\times2\frac{1}{2}=\frac{1}{5}\times\frac{5}{2}=\frac{1\times\overset{1}{\cancel{5}}}{\underset{1}{\cancel{5}}\times2}=\frac{1}{2}$

④ $1\frac{1}{6}\times\frac{4}{5}=\frac{7\times\overset{2}{\cancel{4}}}{\underset{3}{\cancel{6}}\times5}=\frac{14}{15}$

⑦ $4\frac{1}{6}\times2\frac{1}{10}=\frac{\overset{5}{\cancel{25}}\times\overset{7}{\cancel{21}}}{\underset{2}{\cancel{6}}\times\underset{2}{\cancel{10}}}=\frac{35}{4}\left(=8\frac{3}{4}\right)$

⑨ $12\times2\frac{1}{3}=\frac{\overset{4}{\cancel{12}}\times7}{1\times\underset{1}{\cancel{3}}}=28$

⑪ $2\frac{2}{3}\times9\times\frac{1}{6}=\frac{\overset{4}{\cancel{8}}\times\overset{\overset{1}{\cancel{3}}}{\cancel{9}}\times1}{\underset{1}{\cancel{3}}\times1\times\underset{\underset{1}{\cancel{2}}}{\cancel{6}}}=4$

おかわりもんだい

次の計算をしましょう。

① $2\frac{1}{3}\times1\frac{1}{5}$ ② $\frac{1}{14}\times8\times3\frac{1}{2}$

［答え］① $\frac{14}{5}\left(2\frac{4}{5}\right)$ ② 2

6 分数のかけ算 ③

➡本冊6ページ

1 ① $\left(\frac{3}{8}\times\frac{5}{7}\right)\times\frac{7}{5}=\frac{3}{8}\times\left(\frac{5}{7}\times\frac{7}{5}\right)=\frac{3}{8}$

② $\frac{4}{9}$　③ 17　④ 12　⑤ 2

2 ① $\frac{7}{3}$　② 6　③ $\frac{4}{9}$　④ $\frac{1}{8}$　⑤ $\frac{5}{11}$　⑥ $\frac{5}{2}$

⑦ $\frac{100}{3}$　⑧ $\frac{10}{29}$

解き方

1 次のように計算をくふうしましょう。

② $\left(\frac{4}{5}\times\frac{5}{2}\right)\times\frac{2}{9}$　③ $\frac{1}{3}\times 15+\frac{4}{5}\times 15$

④ $\frac{3}{5}\times(9+11)$　⑤ $\frac{2}{3}\times(7-4)$

大切 **2** 帯分数は仮分数に，小数や整数は分数になおして逆数を考えます。

④ $8=\frac{8}{1}$　⑤ $2\frac{1}{5}=\frac{11}{5}$

⑥ $0.4=\frac{4}{10}=\frac{2}{5}$　⑦ $0.03=\frac{3}{100}$

おかわりもんだい

次の計算をしましょう。

① $\frac{3}{8}\times\frac{9}{7}+\frac{5}{8}\times\frac{9}{7}$　② $\left(\frac{5}{8}+\frac{1}{4}\right)\times 16$

[答え] ① $\frac{9}{7}$　② 14

7 分数のかけ算 ④

➡本冊7ページ

1 [式] $\frac{2}{3}\times\frac{2}{5}=\frac{4}{15}$　　[答え] $\frac{4}{15}$ m^2

2 [式] $11\frac{2}{3}\times 8\frac{2}{5}=98$　　[答え] 98km

3 [式] $\frac{3}{4}\times 2\frac{2}{3}=2$　　[答え] 2m^2

4 [式] $\frac{2}{5}\times 4\frac{1}{2}=\frac{9}{5}$　　[答え] $\frac{9}{5}\left(1\frac{4}{5}\right)$kg

5 [式] $1\frac{2}{3}\times 4\frac{1}{2}\times\frac{4}{5}=6$　　[答え] 6cm^3

解き方

1 1dLでぬれる面積 × ペンキの量

2 1Lで走るきょり × ガソリンの量

3 縦《たて》の長さ × 横の長さ

4 1mの重さ × 長さ

5 縦《たて》 × 横 × 高さ

おかわりもんだい

じゃ口から水を出して，1時間に水そうの $\frac{3}{5}$ まで水がたまるとき，$\frac{3}{4}$ 時間では，水は水そうのどのくらいまでたまりますか。

[式] $\frac{3}{5}\times\frac{3}{4}=\frac{9}{20}$　　[答え] $\frac{9}{20}$

8 分数のわり算 ①

➡本冊8ページ

1 ① $\frac{3}{5}\div\frac{2}{3}=\frac{3}{5}\times\frac{3}{2}=\frac{9}{10}$　② $\frac{32}{5}\left(6\frac{2}{5}\right)$

③ $\frac{40}{27}\left(1\frac{13}{27}\right)$　④ $\frac{35}{96}$

⑤ $\frac{5}{8}\div\frac{3}{4}=\frac{5}{8}\times\frac{4}{3}=\frac{5\times\overset{1}{\cancel{4}}}{\underset{2}{\cancel{8}}\times 3}=\frac{5}{6}$　⑥ $\frac{5}{4}\left(1\frac{1}{4}\right)$

⑦ $\frac{4}{3}\left(1\frac{1}{3}\right)$　⑧ $\frac{2}{3}$　⑨ $\frac{8}{9}$　⑩ $\frac{35}{12}\left(2\frac{11}{12}\right)$

⑪ 10　⑫ 30

解き方

1 □÷b《ビー》/a《エー》=□×a《エー》/b《ビー》として計算します。約分できるときは，約分してから計算しましょう。

⑨ $\frac{20}{21}\div\frac{15}{14}=\frac{\overset{4}{\cancel{20}}\times\overset{2}{\cancel{14}}}{\underset{3}{\cancel{21}}\times\underset{3}{\cancel{15}}}=\frac{8}{9}$

大切 約分は，わり算をかけ算になおしてからします。

おかわりもんだい

次の計算をしましょう。

① $\frac{5}{6}\div\frac{2}{9}$　② $\frac{3}{8}\div\frac{9}{4}$

[答え] ① $\frac{15}{4}\left(3\frac{3}{4}\right)$　② $\frac{1}{6}$

算数

9 分数のわり算 ②

➡本冊9ページ

1 ① $\frac{4}{5}\div3\frac{2}{3}=\frac{4}{5}\div\frac{11}{3}=\frac{4}{5}\times\frac{3}{11}=\frac{12}{55}$

② $\frac{32}{15}\left(2\frac{2}{15}\right)$　③ $\frac{5}{14}$　④ 10　⑤ $\frac{33}{20}\left(1\frac{13}{20}\right)$

⑥ $\frac{35}{18}\left(1\frac{17}{18}\right)$　⑦ $\frac{5}{2}\left(2\frac{1}{2}\right)$　⑧ $\frac{21}{10}\left(2\frac{1}{10}\right)$

⑨ $3\div\frac{7}{2}=\frac{3}{1}\div\frac{7}{2}=\frac{3}{1}\times\frac{2}{7}=\frac{6}{7}$

⑩ $\frac{54}{5}\left(10\frac{4}{5}\right)$　⑪ $\frac{1}{14}$　⑫ $\frac{4}{3}\left(1\frac{1}{3}\right)$

解き方

帯分数は仮分数になおしてから，わり算をかけ算になおし，約分できるときは約分して計算します。

④ $3\frac{3}{4}\div\frac{3}{8}=\frac{\overset{5}{\cancel{15}}\times\overset{2}{\cancel{8}}}{\underset{1}{\cancel{4}}\times\underset{1}{\cancel{3}}}=10$

⑥ $3\frac{1}{3}\div1\frac{5}{7}=\frac{10}{3}\div\frac{12}{7}=\frac{\overset{5}{\cancel{10}}\times7}{3\times\underset{6}{\cancel{12}}}$

$=\frac{35}{18}\left(1\frac{17}{18}\right)$

⑪ $\frac{4}{7}\div8=\frac{\overset{1}{\cancel{4}}\times1}{7\times\underset{2}{\cancel{8}}}=\frac{1}{14}$

おかわりもんだい

次の計算をしましょう。

① $1\frac{2}{7}\div\frac{6}{35}$　② $2\frac{1}{3}\div1\frac{3}{4}$　③ $1\frac{1}{2}\div6$

[答え] ① $\frac{15}{2}\left(7\frac{1}{2}\right)$　② $\frac{4}{3}\left(1\frac{1}{3}\right)$　③ $\frac{1}{4}$

10 分数のわり算 ③

➡本冊10ページ

1 ① $\frac{4}{5}\times\frac{2}{3}\div\frac{4}{9}=\frac{\overset{1}{\cancel{4}}\times2\times\overset{3}{\cancel{9}}}{5\times\underset{1}{\cancel{3}}\times\underset{1}{\cancel{4}}}=\frac{6}{5}\left(1\frac{1}{5}\right)$　② $\frac{5}{8}$

③ $\frac{1}{9}$　④ $\frac{1}{21}$　⑤ 12

⑥ $0.75\div2\frac{1}{2}=\frac{75}{100}\div\frac{5}{2}=\frac{75\times2}{100\times5}=\frac{3}{10}$

⑦ $\frac{2}{15}$　⑧ $\frac{5}{27}$　⑨ $\frac{3}{2}\left(1\frac{1}{2}\right)$　⑩ 3　⑪ $\frac{3}{4}$

⑫ 2

解き方

⑤ $4\div1\frac{1}{2}\div\frac{2}{9}=\frac{4}{1}\div\frac{3}{2}\div\frac{2}{9}=\frac{4\times\overset{1}{\cancel{2}}\times\overset{3}{\cancel{9}}}{1\times\underset{1}{\cancel{3}}\times\underset{1}{\cancel{2}}}=12$

⑥ $0.75=\frac{3}{4}$ を利用してもよい。

⑦ $0.2=\frac{2}{10}$　⑧ $2.4=\frac{24}{10}$

⑩ $7\div0.5\div4\frac{2}{3}=\frac{7}{1}\div\frac{1}{2}\div\frac{14}{3}=\frac{7}{1}\times\frac{2}{1}$
$\times\frac{3}{14}=3$

おかわりもんだい

次の計算をしましょう。

① $\frac{1}{3}\div\frac{4}{3}\times\frac{2}{5}$　② $2.5\div1\frac{2}{3}$

[答え] ① $\frac{1}{10}$　② $\frac{3}{2}\left(1\frac{1}{2}\right)$

11 分数のわり算 ④

➡本冊11ページ

1 ① [式] $\frac{3}{4}\div\frac{4}{5}=\frac{15}{16}$　[答え] $\frac{15}{16}\,\mathrm{m}^2$

② [式] $\frac{4}{5}\div\frac{3}{4}=\frac{16}{15}$　[答え] $\frac{16}{15}\left(1\frac{1}{15}\right)$ dL

2 [式] $\frac{3}{7}\div\frac{5}{9}=\frac{27}{35}$　[答え] $\frac{27}{35}$ kg

3 [式] $\frac{3}{5}\div\frac{2}{3}=\frac{9}{10}$　[答え] $\frac{9}{10}$ m

4 [式] $8\div2\frac{1}{4}=\frac{32}{9}$　[答え] $\frac{32}{9}\left(3\frac{5}{9}\right)$ m

5 [式] $62\frac{1}{2}\div1\frac{15}{60}=50$　[答え] 50km

解き方

1 求める量をx《エックス》とします。

① x《エックス》$\times\frac{4}{5}=\frac{3}{4}$　② x《エックス》$\times\frac{3}{4}=\frac{4}{5}$ より，x《エックス》を求める式を考えましょう。または，分数を整数に置きかえて式を考えましょう。

5 1時間は60分なので，15分$=\frac{15}{60}$時間

大切

分数でわる文章題がわかりにくい場合には，慣れるまで，x《エックス》を使ったり，整数で考えたりしましょう。

おかわり もんだい

$\frac{2}{5}$Lの重さが$\frac{2}{3}$kgのみそがあります。このみそ1Lの重さは何kgですか。

[式] $\frac{2}{3}\div\frac{2}{5}=\frac{5}{3}$　[答え] $\frac{5}{3}\left(1\frac{2}{3}\right)$ kg

12 分数のかけ算・わり算

➡本冊12ページ

1 [式]$120\times\frac{2}{3}=80$　[答え]80円

2 [式]$5\frac{1}{4}\times\frac{3}{7}=\frac{9}{4}$　[答え]$\frac{9}{4}\left(2\frac{1}{4}\right)$m

3 [式]$70\div\frac{4}{3}=\frac{105}{2}$　[答え]$\frac{105}{2}\left(52\frac{1}{2}\right)$kg

4 [式]$\frac{3}{5}\div\frac{2}{3}=\frac{9}{10}$　[答え]$\frac{9}{10}$kg

5 [式]$\frac{5}{6}\div\frac{2}{3}=\frac{5}{4}$　[答え]$\frac{5}{4}\left(1\frac{1}{4}\right)$倍

6 [式]$2\frac{2}{5}\div1\frac{1}{3}=\frac{9}{5}$　[答え]$\frac{9}{5}\left(1\frac{4}{5}\right)$倍

解き方

もとにする量×何倍＝比べる量　です。

1・**2** 比べる量を求める問題です。

3・**4** もとにする量を求める問題です。

5・**6** 何倍かを求める問題です。

おかわり もんだい

駅から学校までの道のりは，駅から図書館までの道のりの$\frac{2}{3}$倍で$\frac{4}{5}$kmあります。駅から図書館までの道のりは何kmですか。

[式] $\frac{4}{5}\div\frac{2}{3}=\frac{6}{5}$　[答え] $\frac{6}{5}\left(1\frac{1}{5}\right)$km

13 対称な図形 ①

➡本冊13ページ

1 ①対称《たいしょう》の軸《じく》　②K《ケー》　③H《エイチ》　④IJ《アイジェイ》　⑤6　⑥6
⑦垂直《すいちょく》（直角）　⑧1

2 ①50°　②40°　③8cm　④5cm

解き方

1 ②～④ 直線アイで折って重なる頂点《ちょうてん》，角，辺です。

⑤，⑥ 対応する頂点《ちょうてん》をつなぐ直線は，対称《たいしょう》の軸《じく》と垂直《すいちょく》に交わります。また，交わる点から対応する頂点《ちょうてん》までの長さは，等しくなっています。

⑧辺AB《エービー》の真ん中の点と辺IH《アイエイチ》の真ん中の点を結ぶ直線で折ると，ぴったり重なります。

2 頂点《ちょうてん》B《ビー》と頂点《ちょうてん》G《ジー》，辺AB《エービー》と辺AG《エージー》が対応しています。

④ $4+2\div2=5$(cm)

おかわり もんだい

右の図は線対称《せんたいしょう》な図形です。

① 角㋐は何度ですか。

② 角㋑は何度ですか。

③ 角㋒は何度ですか。

④ 辺BF《ビーエフ》の長さが8cmのとき，辺BG《ビージー》は何cmですか。

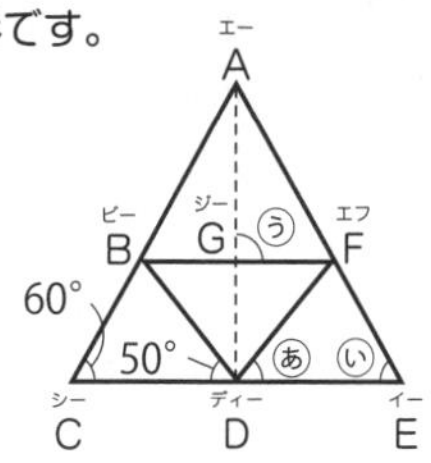

[答え]　①50°　②60°　③90°　④4cm

算数

14 対称な図形 ②

➡ 本冊14ページ

1 ①

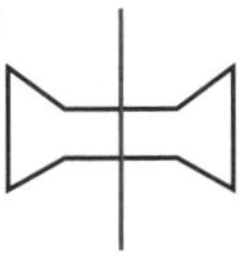

②

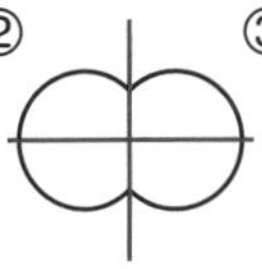

③

2 ①

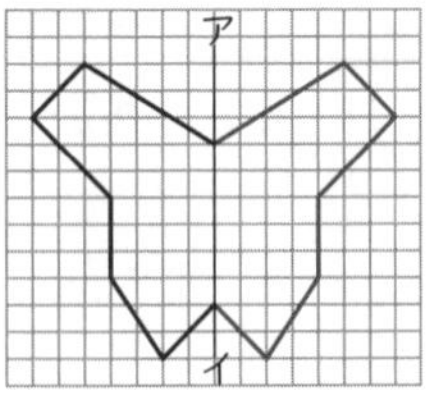

②

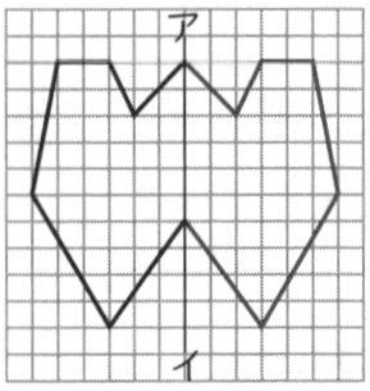

3 ①

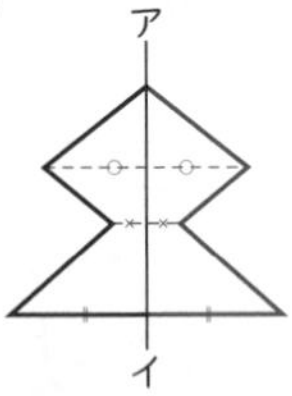

②

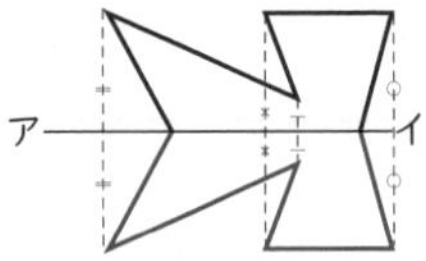

解き方

2 各頂点《ちょうてん》から直線アイまでのマス目を数えて，アイの反対側の，同じマス目のところに対応する点をとります。

3 各頂点《ちょうてん》から直線アイへ垂直《すいちょく》な線をひき，その直線上に，各頂点《ちょうてん》から直線アイまでの長さと同じ長さとなるようにそれぞれ点をとります。

おかわりもんだい

定規を使って，直線アイを対称《たいしょう》の軸《じく》とする，線対称《せんたいしょう》な図形をかきましょう。

[答え]

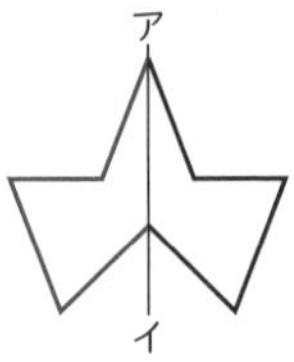

15 対称な図形 ③

➡ 本冊15ページ

1 ①対称《たいしょう》の中心　②G《ジー》　③FE《エフイー》　④H《エイチ》

⑤180　⑥4　⑦9　⑧O《オー》

2 ①85°　②15cm　③19cm　④180°

解き方

対応する2点を結ぶ直線は点O《オー》を通り，点O《オー》から対応する点までの長さは等しくなっています。

1 頂点《ちょうてん》L《エル》と頂点《ちょうてん》F《エフ》，頂点《ちょうてん》K《ケー》と頂点《ちょうてん》E《イー》，頂点《ちょうてん》B《ビー》と頂点《ちょうてん》H《エイチ》，頂点《ちょうてん》I《アイ》と頂点《ちょうてん》C《シー》が対応しています。

おかわりもんだい

右の図は点対称《てんたいしょう》な図形です。

① 頂点《ちょうてん》A《エー》に対応する点はどれですか。

② 辺CD《シーディー》に対応する辺はどれですか。

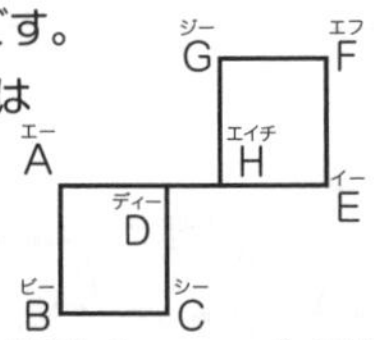

[答え] ① 頂点《ちょうてん》E《イー》　② 辺GH《ジーエイチ》

16 対称な図形 ④

➡ 本冊16ページ

1 ①

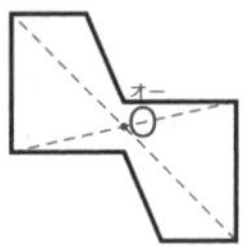

②

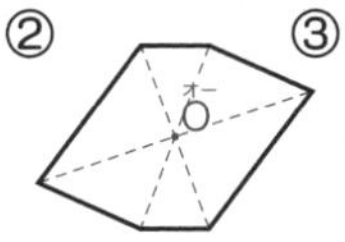

③

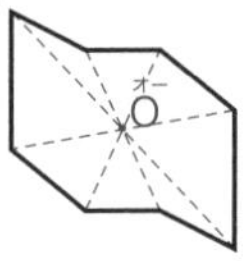

2 ①

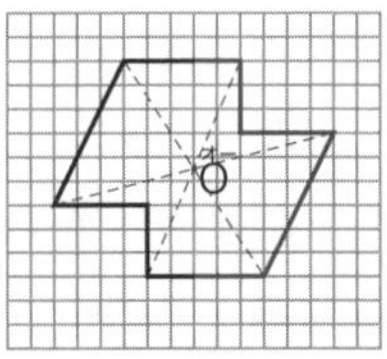

②

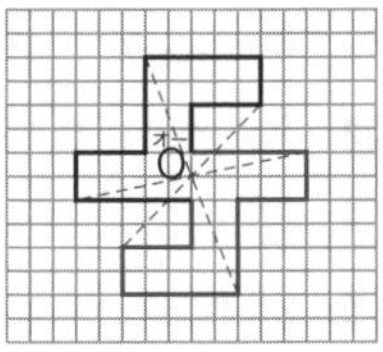

3 ①

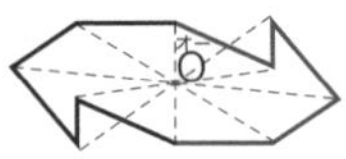

②

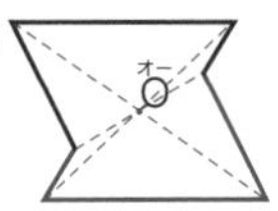

解き方

1 対称《たいしょう》の中心は，対応する2点を結ぶ直線の交点です。

2・**3** 頂点《ちょうてん》と点O《オー》を結んだ直線を，同じ長さだけのばしたところに，対応する点をとります。

おかわりもんだい

点O《オー》を対称《たいしょう》の中心とする，点対称《てんたいしょう》な図形をかきましょう。

［答え］

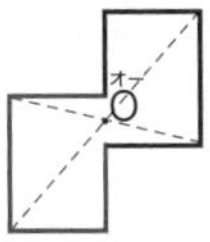

17 対称な図形 ⑤

➡ 本冊17ページ

1 ①

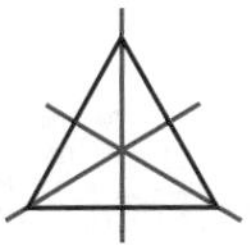

②

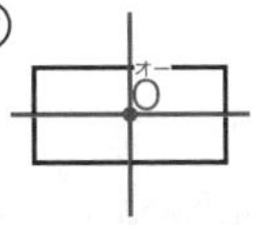

③

④

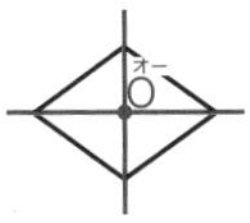

⑤

⑥

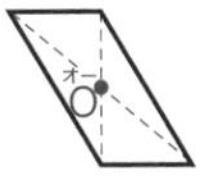

2 ① ○　②○，△　③○，△　④○，△

3 ① 無数　②5　③6　④8

解き方

2・**3** 正多角形はすべて線対称《せんたいしょう》で，対称《たいしょう》の軸《じく》は頂点《ちょうてん》の数と同じだけあります。頂点《ちょうてん》が偶数《ぐうすう》個ある正多角形は点対称《てんたいしょう》でもあり，対称《たいしょう》の軸《じく》が交わる点が対《たい》称《しょう》の中心O《オー》です。円は，直径が対《たい》称《しょう》の軸《じく》になります。

おかわりもんだい

右の図に，対称《たいしょう》の軸《じく》と，対称《たいしょう》の中心O《オー》を，あるだけかき入れましょう。

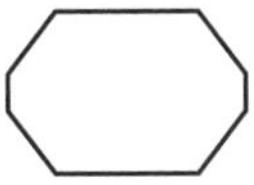

［答え］

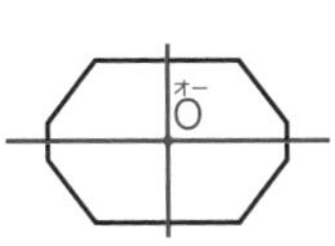

18 比 ①

➡ 本冊18ページ

1 ①5：3　②1.8：2　③800：1000(0.8：1)

2 ① $\frac{8}{5}\left(1\frac{3}{5}\right)$　② $\frac{3}{4}$　③ $\frac{1}{7}$　④9　⑤4

⑥ $\frac{1}{3}$　⑦ $\frac{4}{5}$　⑧ $\frac{1}{8}$　⑨ $\frac{12}{7}\left(1\frac{5}{7}\right)$

⑩ $\frac{3}{2}\left(1\frac{1}{2}\right)$　⑪ $\frac{5}{3}\left(1\frac{2}{3}\right)$　⑫ $\frac{3}{10}$

解き方

1 ③ 単位をそろえると，800g：1000g または，0.8kg：1kg となります。

2 ④ 9÷1=9　⑨ $\frac{3}{7}\div\frac{1}{4}=\frac{3}{7}\times\frac{4}{1}=\frac{12}{7}$

⑪ $3\div1.8=3\div\frac{18}{10}=\frac{\overset{1}{\cancel{3}}\times\overset{5}{\cancel{10}}}{1\times\underset{\underset{3}{\cancel{6}}}{\cancel{18}}}=\frac{5}{3}$

⑫ $\frac{3}{4}\div2.5=\frac{3}{4}\div\frac{25}{10}=\frac{3\times\overset{\overset{1}{\cancel{5}}}{\cancel{10}}}{\underset{2}{\cancel{4}}\times\underset{5}{\cancel{25}}}=\frac{3}{10}$

大切 比を表すときは，単位をそろえます。また，a《エー》：b《ビー》の比の値《あたい》はa《エー》/b《ビー》です。b《ビー》/a《エー》としないようにしましょう。

おかわりもんだい

2時間と40分の割合《わりあい》を，比で表しましょう。また，比の値《あたい》を求めましょう。

［答え］比 120:40$\left(2:\frac{2}{3}\right)$，比の値《あたい》 3

19 比 ②

➡ 本冊19ページ

1 ①6　②50　③6　④25　⑤21　⑥20　⑦10　⑧1

2 ①3：1　②1：5　③2：3　④10：3　⑤1：7　⑥1：20　⑦2：1　⑧6：5　⑨9：20　⑩10：3

解き方

1 　×2
②15：25＝30：50
　×2

　×$\frac{3}{4}$
⑤28：16＝21：12
　×$\frac{3}{4}$

　×20
⑦0.5：0.4＝10：8
　×20

2 小数や分数の比は両方に同じ数をかけて整数の比になおし，それらの最大公約数でわります。

⑤0.6：4.2＝6：42＝1：7

⑥1.3：26＝13：260＝1：20

⑦$\frac{3}{4}:\frac{3}{8}=\left(\frac{3}{4}\times 8\right):\left(\frac{3}{8}\times 8\right)=6:3$
$=2:1$

⑧$\frac{4}{5}:\frac{2}{3}=\left(\frac{4}{5}\times 15\right):\left(\frac{2}{3}\times 15\right)=12:10$
$=6:5$

⑨3.6：8＝(3.6×5)：(8×5)
＝18：40＝9：20

⑩$\frac{5}{6}:0.25=\left(\frac{5}{6}\times 12\right):(0.25\times 12)=10:3$

おかわりもんだい

次の比を簡単《かんたん》にしましょう。
①15：45　②0.2：1.2　③$\frac{1}{5}:\frac{1}{3}$

[答え]　①1：3　②1：6　③3：5

20 比 ③

➡本冊20ページ

1 [式]4：7＝200：x《エックス》　200÷4=50
x《エックス》＝7×50＝350　[答え]350円

2 [式]3：5＝x《エックス》：15　15÷5＝3
x《エックス》＝3×3＝9　[答え]9m

3 [式]4200÷(2+1)＝1400,
1400×2＝2800, 4200－2800=1400
[答え]兄2800円，弟1400円

4 [式]18÷(3+2)＝3.6, 3.6×2＝7.2
[答え]7.2m

5 [式]海と答えた生徒をx《エックス》人とすると，
7：8＝14：x《エックス》, 14÷7=2, x《エックス》＝8×2＝16
14+16 ＝30　[答え]30人

解き方

1・**2** 求める量をx《エックス》とおいて，等しい比をつくります。

3 4200円に対する割合《わりあい》は，(2+1＝)3です。

4 18mに対する割合《わりあい》は（3＋2＝)5です。

5 7：8から，まず海と答えた生徒の人数を求めます。

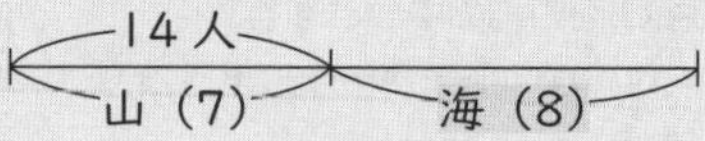

おかわりもんだい

赤い色紙と青い色紙があります。枚数《まいすう》の比は3：5で，青い色紙は30枚《まい》です。赤い色紙は何枚《まい》ありますか。

[式] 赤い色紙をx《エックス》枚《まい》とすると，
x《エックス》：30＝3：5, x《エックス》＝18

[答え]18枚《まい》

21 資料の調べ方 ①

➡本冊21ページ

1 ①上から1，3，4，5，6，1，20

②5kg

③60kg以上65kg未満のはんい

④50kg以上55kg未満のはんい

⑤12人，60%

⑥50kg以上55kg未満のはんい

⑦56kg　⑧57kg

⑨

男子の体重

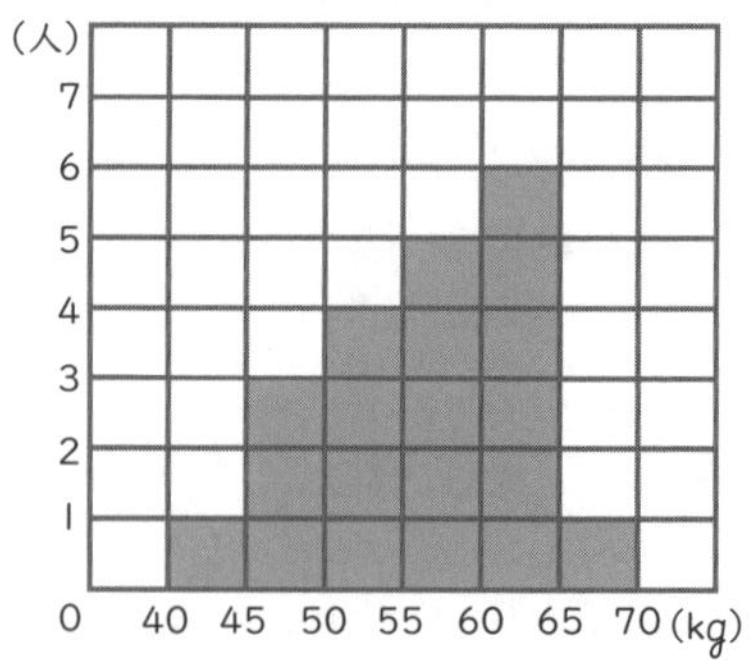

解き方

1 ③ 人数が最も多いはんいです。

④ 50kg 未満は 50kg をふくみません。
50kg 以上は 50kg をふくみます。

⑤ (5＋6＋1) ÷ 20 × 100
＝ 60(%)

⑥ 50kg 未満は４人，55kg 未満は
(４＋４＝) ８人です。

⑦ (43 ＋ 51 ＋……＋ 45) ÷ 20
＝ 1120 ÷ 20 ＝ 56(kg)

⑧ 57kg の人が3人で，いちばん多いです。

おかわりもんだい

右の表を見て答えましょう。記録が 25ｍ未満の人は，何人ですか。また，その割合《わりあい》は全体の何%ですか。

ソフトボール投げの記録

記録（m）	人数（人）
15以上～20未満	1
20 ～ 25	5
25 ～ 30	3
30 ～ 35	1
合計	10

［答え］６人，60％

22 資料の調べ方 ②

➡本冊22ページ

1 ① 40 人　② 6.7 点　③ 35%

2 ① 男性 45～49 才
女性 45～49 才

② 男性 90 才以上　女性 90 才以上

③ 0～4才

解き方

1 ① 1＋5＋5＋6＋9＋7＋5＋2＝40(人)

② (3×1＋4×5＋5×5＋6×6＋7×9
＋8×7＋9×5＋10×2)÷40
＝268÷40＝6.7(点)

③ (7＋5＋2)÷40×100＝35(%)

おかわりもんだい

下のグラフは，ある市の１月から７月の平均気温と降水量《こうすいりょう》を表したものです。

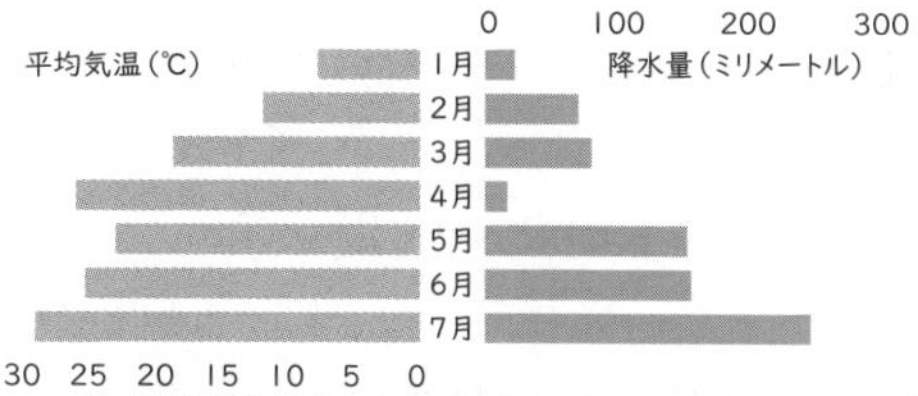

① 平均気温がいちばん高かったのは何月ですか。

② 降水量《こうすいりょう》がいちばん少なかったのは何月ですか。

［答え］①7月　②4月

23 1学期のまとめ

➡本冊23ページ

1 ① $\frac{3}{4}$　② $\frac{3}{10}$　③ $\frac{7}{9}$　④ $\frac{3}{8}$

2 ［式］1.5×x《エックス》＝y《ワイ》　［y《ワイ》の値《あたい》］6

3 ［式］2400÷(5＋3)＝300　300×3＝900

［答え］900 円

4 ① 4 本　② ㋐頂点《ちょうてん》 E《イー》　㋑頂点《ちょうてん》 J《ジェイ》　㋒辺 AL《エーエル》
㋓辺 KJ《ケージェイ》　③ ㋐頂点《ちょうてん》 C《シー》　㋑頂点《ちょうてん》 L《エル》
㋒辺 IJ《アイジェイ》　㋓辺 KL《ケーエル》

解き方

1 ② $1\frac{4}{5}\times\frac{1}{6}=\frac{\overset{3}{\cancel{9}}\times 1}{5\times\underset{2}{\cancel{6}}}=\frac{3}{10}$

④ $2\frac{1}{4}\div 6=\frac{\overset{3}{\cancel{9}}\times 1}{4\times\underset{2}{\cancel{6}}}=\frac{3}{8}$

2 式の x《エックス》に４を当てはめます。
y《ワイ》＝1.5×４＝６

3 2400 円に対する割合《わりあい》は(5＋3＝)8 です。

4 ① 下の図のように４本あります。

② 直線アイで折って重なる点を考えましょう。

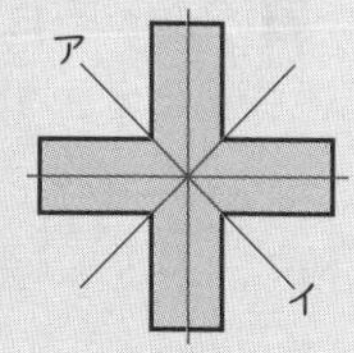

③ 各頂点《ちょうてん》と対称《たいしょう》の中心を通る直線をのばしてみましょう。

24 2学期の先取り

➡ 本冊24ページ

1 ① [式]6×6×3.14＝113.04

[答え]113.04cm^2

② [式]2×2×3.14÷2＝6.28

[答え]6.28cm^2

2 ① 60,120,150,180 [式]y《ワイ》＝30×x《エックス》

② 90,45,36,30 [式]y《ワイ》＝180÷x《エックス》

3 ① [式](16×6÷2)×8＝384

[答え]384cm^3

② [式](5×5×3.14)×12＝942

[答え]942cm^3

解き方

1 ① 円の面積＝半径×半径× 3.14 に当てはめます。

② 円の半分の面積です。

2 ① 比例の関係は x《エックス》の値《あたい》が2倍，3倍，……になると y《ワイ》の値《あたい》も2倍，3倍，……になります。また，y《ワイ》の値《あたい》は，対応する x《エックス》の値《あたい》に決まった数をかけて求められます。

90＝30×3 だから決まった数は30です。

② 反比例の関係は x《エックス》の値《あたい》が2倍，3倍，……になると y《ワイ》の値《あたい》は$\frac{1}{2}$倍，$\frac{1}{3}$倍，……になります。また，y《ワイ》の値《あたい》は決まった数を対応する x《エックス》の値《あたい》でわって求められます。

60＝180÷3 だから，決まった数は180です。

x《エックス》×y《ワイ》＝決まった数 になっています。

3 角柱や円柱の体積は 底面積×高さ で求められます。

理科　答えと解き方

1 ものの燃え方と空気

➡ 本冊25ページ

1 ㋒，㋓（順不同）

2 それぞれ次のものに○をつけます。

① 酸素　② 二酸化炭素　③ 酸素
④ 二酸化炭素　⑤ ちっ素

解き方

1 ㋒と㋓は，空気が入れかわって新しい空気にふれるので，ろうそくが燃え続けることができます。

2 空気の成分（体積の割合《わりあい》）は次のようになります。

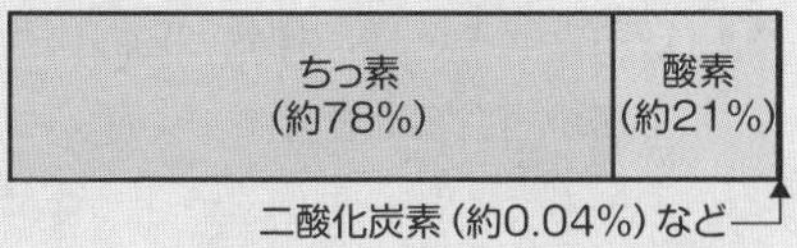

ろうそくが燃えると，酸素が使われて二酸化炭素ができるので，数が減っている□が酸素，数が増えている△が二酸化炭素，数が変わらない○がちっ素です。

2 人のからだ①

➡ 本冊26ページ

1

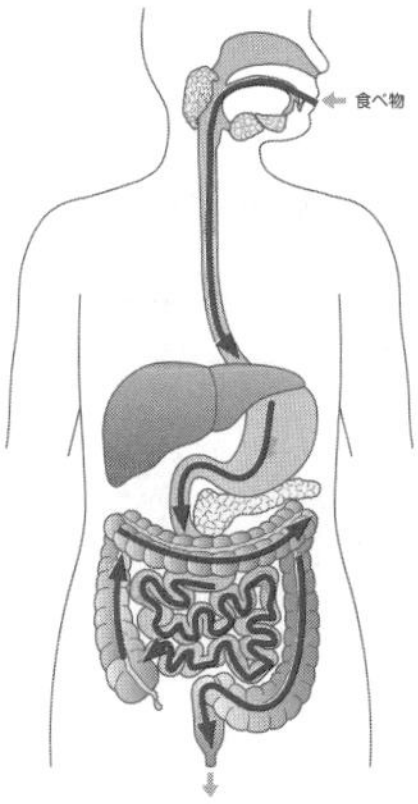

① 食道《しょくどう》
② 胃《い》
③ 小腸《しょうちょう》
④ 大腸《だいちょう》

2 ① 消化管《しょうかかん》　② 消化液《しょうかえき》　③ 小腸《しょうちょう》
④ 肝臓《かんぞう》

解き方

1 食べ物は，消化管《しょうかかん》を通ります。消化管《しょうかかん》には，口，食道《しょくどう》，胃《い》，小腸《しょうちょう》，大腸《だいちょう》，こう門などがあります。

2 ② 消化液《しょうかえき》には，口に出されるだ液や胃《い》に出される胃液《いえき》などがあります。

③ 消化《しょうか》された食べ物の養分は，おもに小腸《しょうちょう》から吸収《きゅうしゅう》され，血液などにとり入れられます。

3 人のからだ②

➡ 本冊27ページ

1 それぞれ次のものに○をつけます。

① そのまま　② 白くにごる
③ 二酸化炭素

2 それぞれ次のものに○をつけます。

① 気管《きかん》　② 酸素　③ 二酸化炭素
④ 肺《はい》

解き方

1 空気中には二酸化炭素が約0.04%しかふくまれていないので，石灰水《せっかいすい》を入れてよくふっても石灰水《せっかいすい》のようすはほとんど変化しません。はいた息には二酸化炭素が3～4%ふくまれているので，石灰水《せっかいすい》を入れてよくふると石灰水《せっかいすい》が白くにごります。

2 肺《はい》には血管が通っていて，空気中の酸素の一部が血液にとり入れられます。全身でできた二酸化炭素は，血液によって肺《はい》まで運ばれ，肺《はい》で血液中から出されて鼻や口からはき出されます。

4 人のからだ③

➡本冊28ページ

1 ①「肺《はい》」に○　②「心臓《しんぞう》」に○

③「酸素」に○

④「二酸化炭素」に○

⑤ 二酸化炭素　⑥ 酸素

⑦「小腸《しょうちょう》」に○　⑧ 多い

⑨「腎臓《じんぞう》」に○　⑩ 少ない

解き方

1 肺《はい》では，酸素と二酸化炭素の交かんが行われているので，肺《はい》に入る前の血液には二酸化炭素が最も多く，肺《はい》を出た直後の血液には酸素が最も多くなっています。消化《しょうか》された食べ物の養分は，おもに小腸《しょうちょう》で吸収《きゅうしゅう》されるので，小腸《しょうちょう》を出た血液に最も多くの養分がふくまれています。からだの中で不要な物は，腎臓《じんぞう》で血液からとり除《のぞ》かれるので，腎臓《じんぞう》を出た血液には不要な物が最も少なくなります。

5 植物のつくり

➡本冊29ページ

1 それぞれ次のものに○をつけます。

① 多い　② 少ない　③ 葉

2 それぞれ次のものに○をつけます。

① 蒸散《じょうさん》　② 二酸化炭素　③ 酸素

④ でんぷん　⑤ ヨウ素液

解き方

1 植物の体内の水は，おもに葉にある気こうという小さなあなから，水蒸気《すいじょうき》となって空気中に出ていきます。葉をとると，くきには気こうがほとんどないので，植物の体内の水があまり空気中に出ていかなくなります。

2 植物に日光が当たると，二酸化炭素と水からでんぷんをつくり，酸素を出します。

6 生物どうしのつながり

➡本冊30ページ

1 ① ㋑(→)㋒(→)㋓(→)㋐（完答）

② 食物連鎖《しょくもつれんさ》

2 ① 酸素　② 二酸化炭素

解き方

1 ① ミカヅキモは，植物と同じように，日光が当たると自分ででんぷんなどの養分をつくります。ふつう，食べる生き物のほうが食べられる生き物よりも大きいです。

② 食物連鎖《しょくもつれんさ》のはじまりは，植物などの自分で養分をつくることのできる生き物です。

2 植物は，日光が当たると，二酸化炭素をとり入れて，でんぷんなどをつくり，酸素を出します。

植物も，動物のように，絶えず呼吸《こきゅう》を行い，酸素をとり入れて二酸化炭素を出しています。日光が当たっているときは，植物が呼吸《こきゅう》で出す二酸化炭素よりも，でんぷんをつくるときにとり入れる二酸化炭素の量のほうが多いので，昼間は全体として植物は二酸化炭素をとり入れて，酸素を出しているように見えます。

小学6年生　大盛り！　夏休みドリル　三訂版　別冊

社会　答えと解き方

1 わたしたちのくらしと日本国憲法

➡ 本冊31ページ

1 ① 国民主権《しゅけん》　② 選挙　③ 象徴《しょうちょう》
④ 基本的人権《じんけん》〔人権《じんけん》〕　⑤ 戦争
⑥ ㋓ 税金　㋔ 働く　㋕ 教育

解き方

1 ①「国の政治のあり方を最終的に決める権利《けんり》」のことを，主権《しゅけん》といいます。

③ 天皇《てんのう》は，政治についての権限《けんげん》を持たず，内閣《ないかく》の助言と承認《しょうにん》にもとづいて，国事行為《こくじこうい》を行います。

④ 人が生まれながらに持っていて，だれにもおかされることのない権利《けんり》のことを基本的人権《じんけん》といいます。

2 国の政治のしくみと選挙

➡ 本冊32ページ

1 ①㋐ 衆議院《しゅうぎいん》　㋑ ウ　②㋐ イ　㋑ ウ　㋒ ア
③ 裁判員《さいばんいん》制度　④ 18　⑤ 三権分立《さんけんぶんりつ》

解き方

1 ①㋐ 国会は二つの議院で構成されているので，国の問題をしん重《ちょう》に話し合って決めることができます。

大切　国会を構成する二つの議院

衆議院《しゅうぎいん》…議員数 465 人。任期 4 年。解散がある。参議院よりも強い権限《けんげん》を持つ場合がある。

参議院《さんぎいん》…議員数 248 人。任期 6 年。解散がない。

㋑ 国会が持つ立法権《りっぽうけん》は，法律《ほうりつ》をつくる権限《けんげん》のことです。**ア**と**イ**は内閣《ないかく》の仕事です。**エ**は天皇《てんのう》が行います。

③ 重大な犯罪の裁判《さいばん》で，裁判員裁判《さいばんいんさいばん》が行われます。裁判員《さいばんいん》は 18 才以上の国民の中からくじで選ばれます。

⑤ 国の権限《けんげん》を三つに分け，たがいにかん視《し》させることで，権力《けんりょく》の行き過ぎを防ぎ，民主主義を守っています。

3 子育て支援の願いを実現する政治／震災復興の願いを実現する政治

➡ 本冊33ページ

1 ①㋐ **イ**　㋑ **ア**　② 税金

2 ① 東日本大震災《ひがしにほんだいしんさい》　② 自衛隊
③ ボランティア

解き方

1 ① 市（区）町村の役所は，お金の使い道の計画である予算案や，さまざまな事業の計画案を立てて，市（区）町村の議会に提出します。議会は，役所から提出された議案について話し合い，賛成か反対かを決めます。

② 税金は，さまざまな人から集められ，国や地方の必要な仕事のために使われています。

2 ② 自衛隊は，国の防衛や国際協力のほか，災害派遣《はけん》が重要な任務になっています。

③ ボランティアは，自分の意思で被災《ひさい》地《ち》での支援《しえん》活動やさまざまな社会事業に参加する人のことです。

4 縄文のむらから古墳のくにへ

➡ 本冊34ページ

1 ① たて穴《あな》住居〔竪穴《たてあな》住居〕 ② 縄文《じょうもん》土器
③ 貝塚《かいづか》 ④ 弥生《やよい》土器
⑤ 米づくり〔米作り，稲作《いなさく》〕
⑥ **ア**，**ウ**（順不同）

2 ① 前方後円墳《ぜんぽうこうえんふん》〔古墳《こふん》〕
② 大和朝廷《やまとちょうてい》〔大和政権《やまとせいけん》〕

解き方

1 ② 土器を使うことで，食べ物のにたきや，保存《ほぞん》ができるようになりました。

③ 貝塚《かいづか》から，貝がらや動物の骨《ほね》などが出土するので，当時の人々の生活の様子を知ることができます。

⑤ 弥生《やよい》時代のむらの絵の中に，田が見られます。

⑥ **ア**は青銅器の銅鐸《どうたく》で，祭りの宝物《ほうもつ》として使われたと考えられています。**ウ**は石包丁《いしぼうちょう》で，稲《いね》のかり取りに使われた石器です。**イ**の土偶《どぐう》は縄文《じょうもん》時代にまよけなどとして使われたもの，**エ**は古墳《こふん》に置かれていたはにわです。

2 ① 王や豪族《ごうぞく》の大きな墓のことを，古墳《こふん》といいます。絵の古墳《こふん》は，四角い方《ほう》墳《ふん》と丸い円墳《えんぷん》を組み合わせた前方後《ぜんぽうこう》円墳《えんふん》です。

5 天皇中心の国づくり

➡ 本冊35ページ

1 ①㋐ 聖徳太子《しょうとくたいし》 ㋑ 中大兄皇子《なかのおおえのおうじ》 ㋒ 聖武天皇《しょうむてんのう》
② 十七条《じゅうしちじょう》の憲法《けんぽう》 ③ 大化《たいか》の改新《かいしん》
④ A租《そ》 B庸《よう》 C調《ちょう》 ⑤ 平城京《へいじょうきょう》

解き方

1 ①㋐ 法隆寺《ほうりゅうじ》（奈良県《ならけん》）を建てたのは，聖徳太子《しょうとくたいし》です。㋑ 中臣鎌足《なかとみのかまたり》と協力して蘇我氏《そがし》をたおしたのは，中大兄皇子《なかのおおえのおうじ》です。のちに天智天皇《てんじてんのう》になりました。㋒ 全国に国分寺《こくぶんじ》を建てさせたのは聖武天皇《しょうむてんのう》です。

② 天皇《てんのう》に仕える役人としての心構えを豪族《ごうぞく》に示しました。

③ 聖徳太子《しょうとくたいし》の死後，強大になった蘇我《そが》氏《し》を，中大兄皇子《なかのおおえのおうじ》らがたおして始めた政治の改革が，大化《たいか》の改新《かいしん》です。

6 貴族のくらし

➡ 本冊36ページ

1 ① 藤原道長《ふじわらのみちなが》 ② 寝殿造《しんでんづくり》 ③ **イ** ④ かな文字

解き方

1 ① 中臣鎌足《なかとみのかまたり》の子孫の藤原道長《ふじわらのみちなが》です。自分のむすめを次々と天皇《てんのう》のきさきにして天皇《てんのう》とのつながりを強め，大きな権力《けんりょく》をにぎり，その得意な気持ちを「もち月の歌」によみました。

② 池のある庭園を持つ，寝殿造《しんでんづくり》です。平安京《へいあんきょう》には貴族《きぞく》がくらした寝殿造《しんでんづくり》のやしきがたちならんでいました。

③ 平安《へいあん》時代の貴族《きぞく》の女性の服装《ふくそう》（正装《せいそう》）を，十二単《じゅうにひとえ》といいます。貴族《きぞく》の男性は束帯《そくたい》や直衣《のうし》を着ました。**ア**は弥生《やよい》時代の貫頭衣《かんとうい》，**ウ**は奈良《なら》時代の女性の衣装《いしょう》です。

④ 平安《へいあん》時代には中国から伝わった漢字の一部から，日本語の音を表記しやすくしたかな文字がつくられ，文学がさかんになりました。

大切 平安《へいあん》時代の貴族《きぞく》の文化
‖
国風《こくふう》文化（日本風の文化）
紫式部《むらさきしきぶ》…『源氏物語《げんじものがたり》』（小説）
清少納言《せいしょうなごん》…『枕草子《まくらのそうし》』（ずい筆）
紀貫之《きのつらゆき》など…『古今和歌集《こきんわかしゅう》』（和歌集）

英語 答えと解き方

1 道案内

➡本冊37ページ

1
銀行 — bank
警察署《けいさつしょ》 — police station
レストラン — restaurant

2 ① Where ② straight
③ right ④ left

3 イ→ア→ウ

解き方

2 ①「～はどこですか」と場所をたずねるときは，Where is ～? と言います。

②「まっすぐ行ってください」は Go straight. と言います。「～区画」は for ～ block(s) と言います。２区画以上の数のときは，blocks と s を付けます。

③「右[左]に曲がってください」は Turn right[left]. と言います。

④「(あなたの) 左[右]側にそれが見えますよ」は You can see it on your left[right]. と言います。ここでの it は①の郵便局《ゆうびんきょく》を指しています。英語では，前に出ているものをそのままくり返して言わずに，it を使います。

3 最初に，地図上で道順を確認《かくにん》しましょう。
イ「まっすぐ行ってください」
→ア「2番目の角を左に曲がってください」
→ウ「右側にそれが見えますよ」

2 自己しょうかい① 好きなもの，ほしいものなどの言い方

➡本冊38ページ

1 ① I'm ② have
③ like soccer
④ play ⑤ want

2 ① want, blue
② have ③ want to

3 ① yellow ② have books
③ want bag

解き方

1 ①「私《わたし》[ぼく]は～です」は I'm ～. と言います。I'm は I am を短くした言い方です。

②「私《わたし》[ぼく]は～を飼っています」は I have ～. と言います。

③「私《わたし》[ぼく]は～が好きです」は I like ～. と言います。

④ スポーツなどについて「私《わたし》[ぼく]は～をします」は I play ～. と言います。sometimes は「ときどき」という意味です。ここでの it は③のサッカーを指しています。英語では，前に出ているものをそのままくり返して言わずに，it を使います。

⑤「私《わたし》[ぼく]は～がほしいです」は I want ～. と言います。

2 ①「青い」は blue です。

②「私《わたし》[ぼく]は～を持っています」は I have ～. と言います。

③「私《わたし》[ぼく]は～したいです」は I want to ～. と言います。「～を話す」は speak ～です。

3 ① 好きな色を言うときは, I like 〈色の名前〉. で表します。「黄色」は yellow です。

②「本３冊《さつ》[３冊《さつ》の本]」は three books です。２つ以上のものを表すときは，books のように s を付けます。

③「かばん」は bag です。

英語

3 自己しょうかい② できること，したいことなどの言い方

➡ 本冊39ページ

1 ① September

② play

③ want go

2 ① I can run fast.

② I want to eat pizza.

解き方

1 ①「９月」は September です。

②「～することができます」は can ～ で表します。〈～〉の部分には，動作を表す言葉がきます。

③「私《わたし》[ぼく]は～したいです」は I want to ～. と言います。「～に行く」は go to ～です。「～に行きたいです」は want to go to ～となります。

2 ①「私《わたし》[ぼく]は～することができます」は I can ～. と言います。

②「私《わたし》[ぼく]は～したいです」は I want to ～. と言います。「～を食べる」は eat ～です。

4 日本のしょうかい

➡ 本冊40ページ

1 省略

2 ① March ② July

③（例１）You can eat sushi.

（例２）You can visit Kyoto.

④（例１）You can see TOKYO SKYTREE.

（例２）You can see Mt. Fuji.

解き方

1 2 月の名前は次のとおりです。

〈月の名前〉

１月	January	２月	February
３月	March	４月	April
５月	May	６月	June
７月	July	８月	August
９月	September	10月	October
11月	November	12月	December

2 ③・④ 表のイラストと語句を参考にして，日本でできることと，日本で見られるものを書きましょう。

22 物語の読み取り ⑤

↓本冊43ページ

1 ① かっこよかった・無理
② やわらかな祖父の目
③ 祖母が来る
④ **イ**

解き方

1 ① コーヒーが嫌《きら》いなはずなのに、「喫茶店《きっさてん》ではコーヒーだろう」と言う祖父に対し、「当時はそれが……無理をして飲んでいたのだろう」と佑《たすく》が想像している部分から読み取ります。

② 「なにかをいつくしむような祖父の顔」は、昔を思い出して、やさしい顔になっている祖父の様子を表します。昔の思い出にひたっている祖父の様子は、これより前の部分でもえがかれています。

③ このすぐあとに、佑《たすく》が想像している、喫茶店《きっさてん》で祖母を待っている祖父の姿《すがた》が、二つの文で書かれています。

④ 「ちょっと離《はな》れたところに自分もいて、祖父の姿《すがた》を見ているみたいな気持ちになった」「ゆっくりと……祖父と一緒《いっしょ》に」という佑《たすく》の様子からとらえましょう。

23 一学期のまとめ

↓本冊42ページ

1 ① ⓐ呼 ⓑ異
② 急げ
③ (例) 服にくっついた様子が虫のようだから。
④ せっかち・のんびり屋
⑤ 芽を出す・生き残る

解き方

1 ① とめやはねに注意して、ていねいに書くようにしましょう。

② ことわざは、反対の意味のことわざもいっしょに覚えておくとよいでしょう。

大切

③ 二つ目の文の「くっついた様子が虫のようなので」に着目します。理由を問われたら、答えの最後を「～から。」「～ので。」の形にします。

④ オナモミの実の中に入っている二つの種子の「すぐに芽を出す」「なかなか芽を出さない」様子を、人間の性格を表す言葉で説明しています。

⑤ あとの方にある「早く芽を出した方が良いのか……二種類の種子を用意している」に二種類の種子を用意する理由が書かれています。

24 二学期の先取り

↓本冊41ページ

1 ① ⓐ**エ** ⓑ**イ** ⓒ**ウ** ⓓ**ア**
② ⓐ**イ** ⓑ**エ**

2 ① **イ** ② **ウ** ③ **ア** ④ **イ** ⑤ **ウ** ⑥ **ア**

3 ① 合格＋発表 ② 飲食店＋街
③ 大会＋新記録 ④ 留守番＋電話

解き方

1 ② ⓐは、**イ**が似た意味の漢字、ほかは意味が対《つい》になる漢字の組み合わせです。ⓑは、**エ**が上の漢字が下の漢字を修飾《しゅうしょく》する関係にある組み合わせで、ほかは「―を」「―に」に当たる意味の漢字が下に来る組み合わせです。

2 ③ 上に打ち消しの働きをする漢字(「不」「未」「無」「非」など)がついて、下の語の意味を打ち消しています。

④ 上の語に下の語が意味をそえて、様子や状態を表しています。

3 ② 「飲食店」がひとまとまりの言葉です。

19 説明文の読み取り④

↓本冊46ページ

1 コンピューター・自然・未知の分野

2 視線・新た・習慣化・飛び出してみる

解き方

1 筆者が、「現代社会ではコンピューターの前に座《すわ》っての研究が多くなっている」ことに批判的《ひはんてき》であることをとらえ、屋外に出て自然に学び、観察による直観力や感性を磨《みが》くことで、現状を打開し、新しい技術や材料を見出《みいだ》せると述べていることをおさえます。そして、最後の文の「少々時間がかかっても、現場で汗《あせ》をかいて、未知の分野にチャレンジする精神を持ち続けてほしい」から、筆者の言いたいことをとらえます。

2 筆者は、いつもの人間関係の中では「仲間たち」の「視線《しせん》の拘束力《こうそくりょく》」が強く、いつもとちがう自分を出すのは非常に難《むずか》しいと述べています。この点をふまえて、「だからこそ、新たな自分を見てみたいと思うなら、習慣化したかかわりの世界から思い切って飛び出してみることだ」と述べていることをとらえます。

20 言葉③

↓本冊45ページ

1 ①受け取る ②持ち上げる ③せま苦しい ④むし暑い ⑤見送る

2 ①目＋立つ ②近い＋道 ③入学＋試験 ④交通＋安全＋週間

3 ①手紙・てがみ ②雨戸・あまど ③金物・かなもの ④鼻血・はなぢ ⑤親心・おやごころ ⑥風車・かざぐるま

4 ①(例)走り回る・見回る ②(例)力仕事・力強い

解き方

2 ②「近」と「道」に分けますが、「近」は「近い」となることに注意します。

3 言葉と言葉を組み合わせると、読み方が変わるものがあります。

4 「回る」「力」という言葉に何か言葉を付けて、複合語を作ります。

おかわりもんだい

次の二つの言葉を組み合わせて複合語を作りましょう。

① 長い＋くつ
② 帰る＋道
③ 飛ぶ＋出す

[答え] ①長ぐつ ②帰り道 ③飛び出す

21 作文②

↓本冊44ページ

1 ①(例)「食品ロス」を減らすために私たちにできることとしてどんなことが考えられるかということ。

②A **エ** B **イ** C **ア** D **ウ**

解き方

1 ① 最初に、日本における「食品ロス」の現状をしょうかいし、「そんな状況《じょうきょう》を改善《かいぜん》するために、私《わたし》たちにできることとしてどんなことが考えられるだろうか」と問いかけ、以後、そのことについての考えを述べています。

② 「初め」については、「……経験をしていた」と自分たちの経験を述べたあと、「調べてみると……」と続き、その「調べてわかったこと」を指して、「そんな状況《じょうきょう》を……だろうか」と作文のテーマを示す、という構成になっています。それを受けて「中」では、まず、「私《わたし》は……目指すのがよいと思う」と自分の「意見・考え」を表明したのち、続く「なぜなら」以降《いこう》で、そのように考える理由を説明しています。

16 漢字⑥

本冊49ページ

1 ①ふ ②ま ③つめ ④ひ ⑤さ

2 ①帯・おび ②志・こころざし
③富・とみ ④仮・かり

3 ①易しい ②明らかだ ③連なる
④険しい ⑤快い ⑥率いる ⑦養う
⑧導く

解き方

1 複数の訓読みを持つ漢字の中には、送りがなでその読み方のちがいがわかるものもあります。

2 ①「帯」には、「お-びる」と「おび」という訓読みがあります。②「志」には、「こころざ-す」と「こころざし」という訓読みがあります。

3 ①と④は「しい」が、⑤は「い」が送りがなになります。⑦「養う」を「養なう」、⑧「導く」を「導びく」としないように気をつけましょう。

おかわりもんだい

――線のひらがなを漢字と送りがなで書きましょう。

① 自然のいとなみは神秘的《しんぴてき》だ。
② 本をかりる。
③ 身を粉《こ》にしてはたらく。

［答え］ ①営み ②借りる ③働く

17 言葉のきまり

本冊48ページ

1 ①ア ②ア ③イ ④ア

2 ①広く ②多けれ ③よかっ
④静かに ⑤健康的な ⑥きれいだっ

3 ①ア ②ウ ③ウ ④イ

4 ①ように ②だろう ③ない ④まい
⑤たら

解き方

1・3 修飾語《しゅうしょくご》は、文の意味や内容をくわしくする言葉です。

大切

2 問題となっているのは、形が変化する言葉です。後ろにつく言葉によって、形が変化します。例えば、③の「よい」は、「よかっ（た）」「よく（ない）」「よけれ（ば）」のように変化します。

4 「まるで」「たぶん」などの言葉は、あとに決まった言葉をともないます。

おかわりもんだい

次の文から修飾語《しゅうしょくご》を探《さが》して、記号で答えましょう。

① ア大きな イ雲が ウうかぶ。
② ア夕日が イ心を ウなごませる。
③ アぽつぽつ イ雨が ウ降《ふ》り出した。

［答え］ ①ア ②イ ③ア

18 物語の読み取り④

本冊47ページ

1 ①通知表
②イ

2 こだわらない・フトコロ・いいかげん

解き方

1 ①「びくびくしてんだぞ」のあとに「通知表のはいっている手さげ袋《ぶくろ》を……つきだすようにした」とあることから、通知表を持って帰ってきたということがわかります。

②「いたずらっぽい……くりくりわらっていた」という様子や、「なあんだ。それか。……じたばたしたって、だァめ」「たいしたこっちゃないの」という言葉から、明るくてあっけらかんとしていることが読み取れます。

2 後半に、父親がどんな人なのかが「オレ」の立場で書かれています。「あれこれこだわらない」「フトコロでかいって言う人もいる」「ただいいかげんってことだと思う」からとらえましょう。

13 作文 ①

↓本冊52ページ

1 （例）わたしは、この意見に賛成です。なぜなら、方言はその地方に伝わってきた文化だといえるからです。

2 （例）わたしは、伝えたいことを説明する場合は、できるだけかたかな言葉を使わないほうがよいと思います。なぜなら、かたかな言葉には、意味がわからないものが多いからです。クラスでも、意味がわからなくて困った経験のある人が多いというアンケート結果が出ています。

解き方

1・**2** 意見を述べる場合、理由も示さなくては、その意見は説得力を持ちません。それは人に話す場合でも、意見文のように文章として表現する場合でも変わりません。常に理由を示して意見を述べたり書いたりするようにしましょう。理由を述べるときは、「なぜなら、～から」という言い方が基本になります。まずは、「わたしは～（と）思います。なぜなら～からです。」という型に当てはめて書くことから始めましょう。

14 物語の読み取り ③

↓本冊51ページ

1 ① 恐怖心
② **ア**

2 （例）自分のことはほうっておいていいから、新しい世界にいってほしい。

解き方

1 ① 白旗の立てられたブイにたどり着いたとき、「なぜか恐怖心《きょうふしん》はなくなっていた」とあることに着目します。

② 「（やったあ）と気持ちはうきたった」から主人公の気持ちがわかります。主人公は「はじめて白旗まで来れた」ので、達成感を覚えたのです。

大切

2 迷っている庄九郎《しょうくろう》に対して、自分の人生を切り開いてほしいと願う母親の気持ちを、母親の言葉や様子から読み取りましょう。

「わたしのことなら、ほっとけ」「いけ。……どこにでもいけ」「若《わか》いもんは……そっちへいかにゃならん」などの言葉をおさえて、「新しい世界」という言葉を使って答えをまとめましょう。

15 説明文の読み取り ③

↓本冊50ページ

1 ① （学生風の）女性・形式的
② まず、最も

2 表現（「言葉」でも可）・腹・胸
（腹《はら》と胸《むね》は順不同）

解き方

1 ① 第一段落《だんらく》が、筆者の体験を述べたところです。すごいスピードで自転車でやってきた学生風の女性が子供《こども》と接触《せっしょく》し、謝《あやま》って去っていったことが書かれています。さらに、その謝罪は「形式的」だったと述べています。

② 「では、謝《あやま》る場合には……大切なのでしょうか」のあとの文で、筆者が大切だと考えることが書かれています。

2 筆者は、「頭」「胸《むね》」「腹《はら》」を使った「表現」の豊富さを比べて、「日本人は長いあいだこころが胸《むね》と腹《はら》にすわっているように表象してきたのではあるまいか」と自分の考えを述べています。「頭」を用いた表現は近年の使い方で、表現の数も「胸《むね》」や「腹《はら》」を用いたものに比べて多くないことが述べられています。

10 物語の読み取り ②

⬇本冊55ページ

1 克ちゃん・引っこす

2 ひとりぼっち・どくどくと胸をたたく

解き方

1 直前の四樹《しき》の言葉と、直後の克《かっ》ちゃんの言葉に着目しましょう。四樹《しき》の「またいつか、克《かっ》ちゃんに会えますように……」という言葉を受けて、克《かっ》ちゃんが「ぼくが引っこすとこ……」と言っています。みんなは克《かっ》ちゃんがいなくなることを思い出し、さびしい気持ちになっているのです。

2 最初の言葉「私《わたし》、謝《あやま》りたくて……」を言ったのが澄子《すみこ》であることをおさえて、澄子《すみこ》や直子《なおこ》の言葉や、澄子《すみこ》の様子を表す表現から、澄子《すみこ》の様子をとらえましょう。あとのほうの「てっちゃんやカコといっしょにいるようになって、直子《なおこ》をひとりぼっちにさせたじゃん」と、直子《なおこ》の「私《わたし》、それくらいで不登校になったりしないよ」から、澄《すみ》子《こ》が謝《あやま》っている理由がわかり、「心臓《しんぞう》がどくどくと胸《むね》をたたく」ほど、澄子《すみこ》が緊張《きんちょう》していることがわかります。

11 説明文の読み取り ②

⬇本冊54ページ

1 ①日当たり・食料（「獲物」でも可）
②**ウ**
③良い条件

2 ①口あたり・食べやすく・調理
②自然をイメージできる

解き方

1 ①「日当たりの影響《えいきょう》もありますが、一番大きな要因は……」の文から読み取ります。

②前の部分で成長の速いクモについて述べ、あとで成長の遅《おそ》いクモについて説明しているので、「一方」が適切です。

③最後の文「クモは獲物《えもの》を確保するためには……」から読み取ります。

2 ①「インスタント食品などの加工食品」のあとの部分からとらえます。

大切

②「魚の姿《すがた》がそのまま見える焼き魚、煮魚《にざかな》」は、「加工食品」とは反対のものとして挙げられていることをとらえましょう。前の段落《だんらく》で述べられている「自然をイメージできるもの」の具体例です。

12 漢字 ⑤

⬇本冊53ページ

1 （右から順に）①則・測・側 ②球・求・救
③静・精・晴

2 ①言 ②頁

3 ①（例）海・泳・**ウ**
②（例）腸・脈・**イ**

解き方

1 ①はどれも「ソク」という音読みを持つ漢字で、「則」が音《おん》を表しています。②はどれも「キュウ」という音読みを持つ漢字で、「求」が音《おん》を表しています。③はどれも「セイ」という音読みを持つ漢字で、「青」が音《おん》を表しています。

2 ①の「言」は「言葉と関係のある漢字」に、②の「頁」は「頭や顔に関係のある漢字」に多く使われます。

3 ①はほかに、「池・温・湖・港・洋・流・液・清」などの漢字があります。②はほかに、「肥・腹・脳・肺」などの漢字があります。

おかわりもんだい

□に当てはまる漢字を下の□から選びましょう。

① 理科の実□。
② 何度も□査する。
③ 保□金が出る。

険　験　検

［答え］①験　②検　③険

7 漢字 ③

↓本冊58ページ

2 ①おさな ②しょぶん ③しょうぼうしょ ④てんじ

3 ①砂場 ②視界 ③回収 ④保存

解き方

2 ③「署」は、形の似ている「著」の読みとまちがえて「チョ」と読まないように注意しましょう。④「展」は、書くときに「𧘇」の部分を「衣」としないように注意しましょう。

3 ②「視」の「礻」の部分を「衤」としないように注意しましょう。「視界《しかい》」とは、目で見えるはん囲のことです。④「存」には「ソン」「ゾン」という二つの音読みがあります。「存在《そんざい》」の場合は「ソン」、「保存《ほぞん》」の場合は「ゾン」と読みます。

おかわりもんだい

――線の漢字は読みがなを、ひらがなは漢字を書きましょう。

① 古い規則が存続している。
② ようじたちがおゆうぎをしている。
③ 書類にしょめいする。

[答え] ①そんぞく ②幼児 ③署名

8 漢字 ④

↓本冊57ページ

2 ①はいご ②たず ③せいみつ ④ほうりつ

3 ①難解 ②中腹 ③規模 ④臨時

解き方

2 ③「精密《せいみつ》」とは、細かいところまで正確に作られていること。「密」という漢字には、細かいところまで行き届《とど》いているという意味があります。

3 ①「難」の「𦰩」の部分を「堇」と書かないように注意しましょう。②「中腹《ちゅうふく》」とは、山の頂上《ちょうじょう》とふもとの真ん中ぐらいのところのことです。③「模」には「モ」「ボ」という二つの音読みがあります。「模型《もけい》」の場合は「モ」、「規模《きぼ》」の場合は「ボ」と読みます。

おかわりもんだい

――線の漢字は読みがなを、ひらがなは漢字を書きましょう。

① 腹が痛《いた》い。
② 兄はせが高い。
③ 先生の家をほうもんする。

[答え] ①はら ②背 ③訪問

9 言葉 ②

↓本冊56ページ

1 ①**イ** ②**ア** ③**ウ** ④**オ** ⑤**エ**

2 ①うり ②馬 ③すずめ ④とら ⑤ねこ

3 ①足 ②胸 ③目 ④手 ⑤口 ⑥顔

4 ①(例)気がねをしないで打ち解けられる人。
②(例)他の人に対していばらない人。

解き方

1 二つ以上の言葉がいっしょになり、決まった意味を表す言葉が慣用句です。

2 ④の「とらの子」は、とても大切なものを表すときに使います。

3 ④の「手を切る」は、好ましくない関係を絶つことを表します。

4 ①の「気が置けない」は、油断がならないという意味ではないので注意しましょう。

おかわりもんだい

□に当てはまる、体の一部を表す漢字を書きましょう。

① □にあせをにぎって試合を見守る。
② 今ひとつ自信がなく、二の□をふむ。
③ 相手が強すぎてまるで□が立たない。

[答え] ①手 ②足 ③歯

4 言葉 ①

➡本冊61ページ

1 ① **ウ** ② **ア** ③ **カ** ④ **イ** ⑤ **キ** ⑥ **エ**

2 ① 一 ② 三 ③ 八 ④ 三 ⑤ 百・一
⑥ 七・八

3 ① **イ** ② **ア** ③ **ウ**

4 ①（例）人のためにつくしておけば、やがては自分にもよいことがめぐってくるということ。
②（例）子どもがかわいければ、世の中に出して苦労をさせたほうがよいということ。

解き方

大切

2 ⑤は、百回聞くより、一度実際に見たほうがよくわかるという意味です。

4 ①も②も、まちがった意味で使われることが多いことわざです。正しい意味をしっかり覚えておきましょう。

おかわりもんだい

「名人もときには失敗する」という意味のことわざを選んで、記号で答えましょう。

ア 能あるたかはつめをかくす
イ かっぱの川流れ
ウ 身から出たさび

［答え］ **イ**

5 物語の読み取り ①

➡本冊60ページ

1 ① 夏休み
② なつき・（鳥取の）ばあちゃんち

2 さっちゃん・くわえた・流されていく

解き方

1 ①「やっと明日から夏休み！ という夜だった」からとらえましょう。
② 突然《とつぜん》、とうさんが言い出したことをとらえましょう。「なつき、夏休みのあいだ……行ってくれんか」から、主人公の名前が「なつき」であることがわかります。また、とうさんは、「鳥取のばあちゃんちに行ってくれんか」と言っています。なつきにとっては、あまりにも突然《とつぜん》のことだったのです。

2 さっちゃんが「ユメ！ わたしの靴《くつ》が！」と言っています。川に流されたのは、さっちゃんの靴《くつ》です。ユメは、川にとびこんで、「靴《くつ》に泳ぎより、がっちりと靴《くつ》をくわえた」のですが、最後の文に「赤い靴《くつ》をくわえたまま、ユメは流されていく」とあります。

6 説明文の読み取り ①

➡本冊59ページ

1 ① もしもし
② 役所・武家・もうし

2 ① 順序
② 若葉（「新緑」「植物」でも可）・毛虫（「幼虫」「昆虫」でも可）・ヒナ・死に絶える

解き方

1 ① 最初の一文に「電話で……『もしもし』と言う」とあり、最後の文でも「それが百年以上もたった現在でも使われている」と述べています。
② なぜ「もしもし」が使われるようになったか、くわしい説明を読み取りましょう。どんな場所で、どんな人に使用されたのかがポイントです。

2 ①「①―②―③の順序で春を迎《むか》えるということが……とても重要」とあるように、春に生物が育つ順序の重要性について述べています。
② 植物の若葉《わかば》（新緑の葉）→ヒナの順序で育つことを正しくおさえ、最後の文の「その順序が狂《くる》うと野生生物が死に絶えることになりかねない」に着目しましょう。

幼虫《ようちゅう》（毛虫）→昆虫《こんちゅう》の

国語

小学6年生 大盛り！ 夏休みドリル 三訂版 別冊

答えと解き方 ＋ おかわりもんだい

1 五年生の復習

➡本冊64ページ

1 ①ほご ②えんしゅつ ③きょうみ ④ぼうえき ⑤いとな ⑥うんえい ⑦じゅんび ⑧そな

2 ①常識・対応 ②事件・調査 ③建築・資格 ④快 ⑤解 ⑥経 ⑦減

解き方

1 ⑤は「営」を訓で、⑥は「営」を音《おん》で、⑧は「備」を訓で読みます。⑦は「備」を音《おん》で読みます。

2 ②の「査」の「且」を「旦」としないように注意しましょう。⑥の「経る」は、月日が過ぎることをいいます。⑦の「減る」は、少なくなることです。

2 漢字①

➡本冊63ページ

2 ①こと ②ちいき ③えいが ④おんじん

3 ①吸 ②勤 ③簡素 ④疑問

解き方

2 ①は「い」と読まないように注意しましょう。「異を唱える」の場合は、「い」と読みます。

3 ②は、「勤《つと》める」と「務める」の使い分けに注意しましょう。会社や組織にやとわれて働くときは「勤《つと》める」、役目を果たすときは「務める」を使います。③の「簡素《かんそ》」とは、むだなかざりがなく質素な様子を表します。

おかわりもんだい

——線の漢字は読みがなを、ひらがなは漢字を書きましょう。

① これは簡単な問題だ。
② 鏡に全身をうつす。
③ つるのおんがえし。

［答え］ ①かんたん ②映 ③恩返

3 漢字②

➡本冊62ページ

2 ①す ②けいさつかん ③したが ④よ

3 ①供 ②入場券 ③誤 ④時刻

解き方

2 ③「従《したが》う」は、送りがなをまちがえやすいので、きちんと覚えておきましょう。

大切

3 ①「備える」としないように注意しましょう。準備する意味のときは「備える」、神仏にささげる意味のときは「供《そな》える」を使います。

②「券《けん》」の「刀」の部分を「力」としないように注意しましょう。

おかわりもんだい

——線の漢字は読みがなを、ひらがなは漢字を書きましょう。

① エネルギーの供給。
② 王にふくじゅうする。
③ 野菜をきざむ。

［答え］ ①きょうきゅう ②服従 ③刻

算数 1

5年生の復習

点数

点

勉強日　　月　　日

答え▶別冊1ページ

1 計算をしましょう。わり算は，わりきれるまでしましょう。　1つ5点　40点

① 5.8×1.6

② 0.8×0.5

③ $4.2 \div 2.8$

④ $0.85 \div 2.5$

⑤ $1\frac{1}{3} + \frac{4}{5}$

⑥ $\frac{1}{4} + 0.75$

⑦ $3\frac{1}{2} - 1\frac{2}{5}$

⑧ $1.6 - \frac{2}{3}$

2 次の小数で表した割合《わりあい》は百分率《ひゃくぶんりつ》で，百分率《ひゃくぶんりつ》で表した割合《わりあい》は小数で表しましょう。　1つ5点　30点

① 0.38　[　　　]

② 1.54　[　　　]

③ 0.205　[　　　]

④ 3%　[　　　]

⑤ 0.5%　[　　　]

⑥ 104%　[　　　]

3 次の重さの平均を求めましょう。　式·答え各5点　10点

57g　52g　55g　51g　57g　50g　54g　52g　53g　55g

［式］ (57＋52＋55＋51＋57＋50＋54＋52＋53＋55)÷10

［答え］[　　　]

4 下の２つの四角形は合同です。[　　]にあてはまる頂点《ちょうてん》や辺を書きましょう。　1つ5点　20点

①頂点A《ちょうてんエー》に対応する頂点《ちょうてん》は，頂点《ちょうてん》[F]

②頂点D《ちょうてんディー》に対応する頂点《ちょうてん》は，頂点《ちょうてん》[　　]

③辺AB《エービー》に対応する辺は，辺[　　]

④辺CDに対応する辺は，辺[　　]

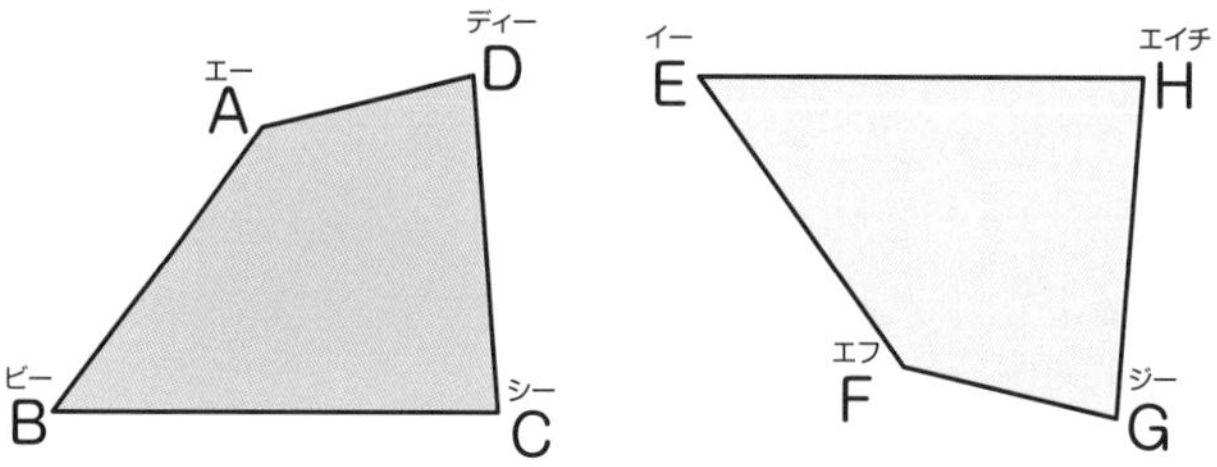

なるほど！

小数＋分数，小数－分数などの計算では，小数を分数になおしてから計算しよう。

算数

2 文字と式①

～文字を使って式に表す～

Webおかわりもんだい 算数①をみてね

勉強日　　月　　日

点数　　点

答え▶別冊1ページ

算数

1 同じ値段《ねだん》のプリンを５個買います。　①10点，②，③式・答え各6点 34点

①プリン１個の値段《ねだん》を x《エックス》 円として，プリン５個の代金を式に表しましょう。

代金の求め方を考えよう

[$x×5$]

①の x《エックス》 に 80 をあてはめる。

②プリン１個の値段《ねだん》が 80 円のとき，プリン５個の代金はいくらですか。

［式］

［答え］[　　]

③プリン１個の値段《ねだん》が 120 円のとき，プリン５個の代金はいくらですか。

［式］

［答え］[　　]

2 １個 x《エックス》 円のりんご６個を，200 円のかごに入れてもらいました。　①10点，②式・答え各6点 22点

①代金を式に表しましょう。 [　　]

②りんご１個の値段《ねだん》が 90 円のときの代金はいくらですか。

［式］

［答え］[　　]

3 面積が $60cm^2$ の長方形があります。　①10点，②式・答え各6点 22点

①横の長さを x《エックス》 cm として，縦《たて》の長さを表す式を書きましょう。

[　　]

②横の長さが 5cm のとき，縦《たて》の長さは何 cm ですか。

［式］

［答え］[　　]

4 ジュースが 1000mL あります。　①10点，②式・答え各6点 22点

①このジュースを x《エックス》 人で分けるときの一人分の量を表す式を書きましょう。

[　　]

②ジュースを４人で分けるとき，一人分は何 mL になりますか。

［式］

［答え］[　　]

なるほど！ 文字を用いた式がわかりにくい場合は，１個の値段《ねだん》×個数　のように言葉で考えてから，x《エックス》 を用いた式に書きかえるといいよ。数量の関係を文字を用いた式で表すと，いろいろな場面に使えるよ。

おかわりもんだい 別冊1ページ

文字と式②

～数量の関係を2つの文字で表す～

Webおかわりもんだい 算数①をみてね

勉強日　　月　　日

点数　　点

答え▼別冊1ページ

1 半径 x《エックス》cm の円の円周を y《ワイ》cm とします。　①10点，②，③式・答え各8点　42点

円周を求める式にあてはめよう

① x《エックス》と y《ワイ》の関係を式に表しましょう。

[$x \times 2 \times 3.14 = y$]

② x《エックス》の値《あたい》が 5 のとき，対応する y《ワイ》の値《あたい》を求めましょう。

x《エックス》に 5 を当てはめる。

［式］

［答え］[　　　]

③ y《ワイ》の値《あたい》が 47.1 のとき，対応する x《エックス》の値《あたい》を求めましょう。

［式］

［答え］[　　　]

2 1 辺の長さが x《エックス》cm の正方形があります。　①10点，②式・答え各8点　26点

①この正方形のまわりの長さを y《ワイ》cm として，x《エックス》と y《ワイ》の関係を式に表しましょう。

[　　　]

② y《ワイ》の値《あたい》が 72 のとき，対応する x《エックス》の値《あたい》を求めましょう。

［式］

［答え］[　　　]

3 x《エックス》と y《ワイ》の関係を式に表しましょう。　1つ8点　32点

①縦《たて》の長さが x《エックス》cm，横の長さが 12 cm の長方形の面積が y《ワイ》cm^2

[　　　]

②長さ x《エックス》m のひもから 3 m 切り取ったときの残りのひもの長さが y《ワイ》m

[　　　]

③ 200 ページある本を x《エックス》ページ読んだときの残りのページ数が y《ワイ》ページ

[　　　]

④ 100 円のノート 1 冊《さつ》と x《エックス》円のシャープペンシル 1 本を買ったときの代金が y《ワイ》円

[　　　]

なるほど！

式のたて方は 2 のときと同じだよ。x《エックス》，y《ワイ》の一方の値《あたい》から他方の値《あたい》を求められるようにしよう。

おかわりもんだい 別冊2ページ

4 分数のかけ算①

～分数×整数，分数×分数～

Webおかわりもんだい
算数②をみてね

勉強日　　月　　日

点数
点

答え▶別冊2ページ

1 次の計算をしましょう。

①～⑩各8点，⑪，⑫各10点　100点

整数を分数になおすしかたを覚えよう

① $\frac{3}{4} \times 5 = \frac{3}{4} \times \frac{5}{1}$

$= \frac{3 \times 5}{4 \times 1}$　← 分子どうしをかける。← 分母どうしをかける。

$=$

約分のしかたを学ぼう

② $4 \times \frac{5}{6} = \frac{\overset{2}{\cancel{4}} \times 5}{1 \times \underset{3}{\cancel{6}}}$　← 約分できるところは先に約分する。

$=$

③ $\frac{3}{5} \times \frac{3}{4} =$

④ $\frac{3}{7} \times \frac{1}{5}$

⑤ $\frac{2}{3} \times \frac{4}{5}$

⑥ $\frac{5}{6} \times \frac{3}{4}$

⑦ $\frac{5}{8} \times \frac{7}{15}$

⑧ $\frac{1}{12} \times \frac{6}{7}$

⑨ $\frac{4}{9} \times \frac{3}{8}$

⑩ $\frac{9}{14} \times \frac{4}{15}$

⑪ $\frac{5}{7} \times \frac{14}{15}$

⑫ $\frac{9}{4} \times \frac{8}{3}$

なるほど！

分数×整数は，整数を分母が1の分数になおして計算しよう。分数どうしのかけ算は，分母は分母どうし，分子は分子どうしをかけるよ。約分できるときは約分してから計算しよう。約分は2回の場合もあるよ。

おかわりもんだい　別冊2ページ

分数のかけ算②

～いろいろな分数のかけ算～

Webおかわりもんだい 算数②をみてね

勉強日　　月　　日

点数　　点

答え▶別冊2ページ

1 次の計算をしましょう。　①～⑩各8点，⑪，⑫各10点　100点

帯分数を仮分数になおすしかたを覚えよう

① $\frac{5}{7}\times1\frac{2}{3}=\frac{5}{7}\times\frac{5}{3}$

$=$

② $1\frac{3}{4}\times\frac{1}{3}$

③ $\frac{1}{5}\times2\frac{1}{2}$

④ $1\frac{1}{6}\times\frac{4}{5}$

⑤ $2\frac{5}{8}\times\frac{2}{3}$

⑥ $1\frac{4}{5}\times3\frac{1}{3}$

⑦ $4\frac{1}{6}\times2\frac{1}{10}$

⑧ $2\frac{3}{4}\times3$

⑨ $12\times2\frac{1}{3}$

⑩ $\frac{2}{9}\times\frac{6}{7}\times\frac{3}{4}=\frac{2\times6\times3}{9\times7\times4}$

まとめてかける。

⑪ $2\frac{2}{3}\times9\times\frac{1}{6}$

⑫ $1\frac{1}{5}\times\frac{3}{8}\times2\frac{2}{9}$

なるほど！　帯分数をかけるときは，帯分数を仮分数になおして計算するよ。分数や整数を3つかける場合には約分の見落としに注意しよう。

おかわりもんだい　別冊2ページ

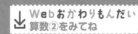

算数

6 分数のかけ算③

～計算のきまり，逆数～

Webおかわりもんだい 算数②をみてね

勉強日　　月　　日

点数　　点

答え▼別冊3ページ

1 くふうして計算しましょう。

1つ12点　60点

くふうのしかたを学ぼう

① $\left(\frac{3}{8}\times\frac{5}{7}\right)\times\frac{7}{5}=\frac{3}{8}\times\left(\frac{5}{7}\times\frac{7}{5}\right)$

$=$

計算のきまり
① $a\times b=b\times a$
② $(a\times b)\times c=a\times(b\times c)$
③ $(a+b)\times c=a\times c+b\times c$
④ $(a-b)\times c=a\times c-b\times c$
を使って式を変形してみよう。

② $\left(\frac{4}{5}\times\frac{2}{9}\right)\times\frac{5}{2}$

③ $\left(\frac{1}{3}+\frac{4}{5}\right)\times15$

④ $\frac{3}{5}\times9+\frac{3}{5}\times11$

⑤ $\frac{2}{3}\times7-\frac{2}{3}\times4$

2 次の数の逆数を求めましょう。

1つ5点　40点

逆数を学ぼう

逆数ともとの数をかけると1になる。

① $\frac{3}{7}$　［ $\frac{7}{3}$ ］

② $\frac{1}{6}$　［　　］

③ $\frac{9}{4}$　［　　］

④ 8　［　　］

仮分数になおして考える。

チャレンジもんだい ⑤ $2\frac{1}{5}$　［　　］

分数になおして考える。

チャレンジもんだい ⑥ 0.4　［　　］

チャレンジもんだい ⑦ 0.03　［　　］

チャレンジもんだい ⑧ 2.9　［　　］

なるほど！ かける順番を変えたり，計算のきまりの③，④を使ったりして，くふうして計算しよう。逆数を求めるときは，帯分数は仮分数に，整数や小数は分数になおしてから，分母と分子を入れかえるよ。

おかわりもんだい　別冊3ページ

分数のかけ算④

～分数のかけ算の文章題～

Webおかわりもんだい
算数②をみてね

勉強日　　月　　日

点数　　点

答え▼別冊3ページ

1 1dLで，板を $\frac{2}{3}$ m²ぬれるペンキがあります。このペンキ $\frac{2}{5}$ dLでは，板を何m²ぬれますか。

式・答え各10点　20点

式を完成させよう

［式］ $\frac{2}{3} \times \frac{2}{5}$

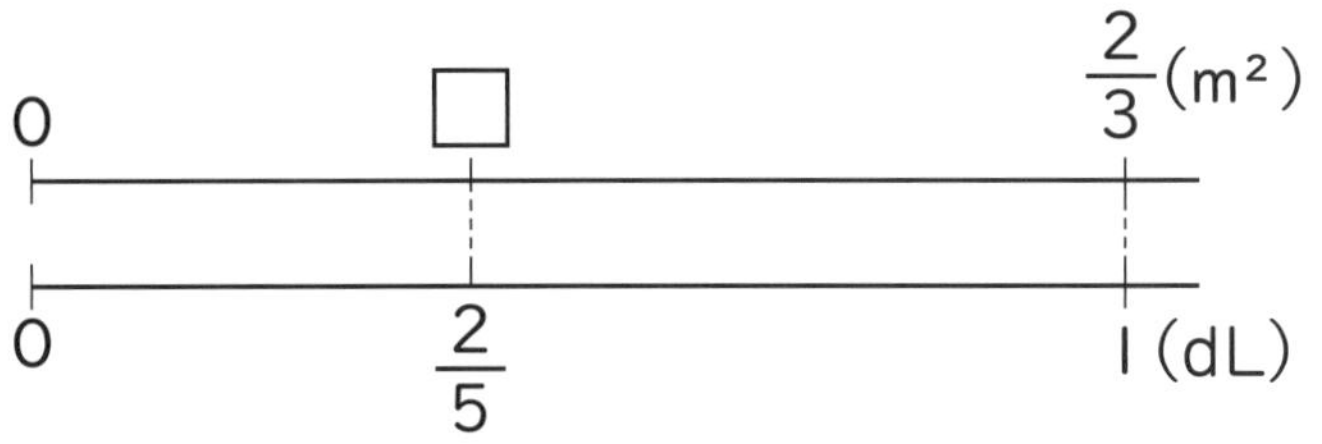

［答え］

2 1Lのガソリンで $11\frac{2}{3}$ km走る車は，$8\frac{2}{5}$ Lのガソリンでは何km走れますか。

式・答え各10点　20点

［式］

［答え］

3 縦《たて》の長さが $\frac{3}{4}$ m，横の長さが $2\frac{2}{3}$ mの長方形の形をした花だんの面積は何m²ですか。

式・答え各10点　20点

［式］

［答え］

4 1mの重さが $\frac{2}{5}$ kgのホースがあります。このホース $4\frac{1}{2}$ mの重さは何kgになりますか。

式・答え各10点　20点

［式］

［答え］

5 縦《たて》 $1\frac{2}{3}$ cm，横 $4\frac{1}{2}$ cm，高さ $\frac{4}{5}$ cmの直方体の体積は何cm³ですか。

式・答え各10点　20点

［式］

［答え］

なるほど！

数量が分数でも，式のたて方は整数の場合と同じだよ。

おかわりもんだい　別冊3ページ

8 分数のわり算①

～分数÷分数～

Webおかわりもんだい 算数③をみてね

勉強日　　月　　日

点数　　点

答え▶別冊3ページ

1 次の計算をしましょう。　①～⑩各8点，⑪，⑫各10点　100点

分数のわり算を学ぼう

① $\frac{3}{5} \div \frac{2}{3} = \frac{3}{5} \times \frac{3}{2}$ ←逆数をかける。

$=$

② $\frac{4}{5} \div \frac{1}{8}$

③ $\frac{8}{9} \div \frac{3}{5}$

④ $\frac{5}{12} \div \frac{8}{7}$

⑤ $\frac{5}{8} \div \frac{3}{4} = \frac{5}{8} \times \frac{4}{3}$ ←約分できるところは先に約分する。

$=$

⑥ $\frac{5}{6} \div \frac{2}{3}$

⑦ $\frac{5}{9} \div \frac{5}{12}$

⑧ $\frac{3}{8} \div \frac{9}{16}$

⑨ $\frac{20}{21} \div \frac{15}{14}$

⑩ $\frac{15}{16} \div \frac{9}{28}$

⑪ $\frac{6}{7} \div \frac{3}{35}$

⑫ $\frac{15}{8} \div \frac{1}{16}$

なるほど！　分数でわる計算は，わる数の逆数をかける計算になおすよ。かけ算になおす前に約分してはいけないよ。

おかわりもんだい　別冊3ページ

分数のわり算②

～帯分数のわり算，分数と整数のわり算～

Webおかわりもんだい
算数③をみてね

勉強日　　月　　日

点数　　点

答え▶別冊4ページ

1 次の計算をしましょう。　①～⑧各8点，⑨～⑫各9点　100点

① $\frac{4}{5} \div 3\frac{2}{3} = \frac{4}{5} \div \frac{11}{3}$ ← まず帯分数を仮分数になおす。

$=$

② $1\frac{3}{5} \div \frac{3}{4}$

③ $\frac{5}{6} \div 2\frac{1}{3}$

④ $3\frac{3}{4} \div \frac{3}{8}$

⑤ $2\frac{3}{4} \div 1\frac{2}{3}$

⑥ $3\frac{1}{3} \div 1\frac{5}{7}$

⑦ $5\frac{5}{8} \div 2\frac{1}{4}$

⑧ $3\frac{4}{15} \div 1\frac{5}{9}$

⑨ $3 \div \frac{7}{2} = \frac{3}{1} \times \frac{2}{7}$ ← 整数を分数になおす。

$=$

⑩ $6 \div \frac{5}{9}$

⑪ $\frac{4}{7} \div 8$

⑫ $2\frac{2}{3} \div 2$

なるほど！
帯分数や整数をふくむわり算も，かけ算のときと同じように，帯分数は仮分数に，整数は分数になおそう。

おかわりもんだい　別冊4ページ

算数

10 分数のわり算③
～いろいろな計算～

Webおかわりもんだい 算数③をみてね

勉強日　　月　　日

点数　　点

答え▼別冊4ページ

1 次の計算をしましょう。　①～⑧各8点，⑨～⑫各9点　100点

① $\frac{4}{5}\times\frac{2}{3}\div\frac{4}{9}=\frac{4}{5}\times\frac{2}{3}\times\frac{9}{4}$　（かけ算になおす。）

$=$

② $\frac{1}{4}\div\frac{1}{3}\times\frac{5}{6}$

③ $\frac{2}{3}\div1\frac{3}{5}\times\frac{4}{15}$

④ $\frac{5}{12}\times\frac{4}{7}\div5$

⑤ $4\div1\frac{1}{2}\div\frac{2}{9}$

⑥ $0.75\div2\frac{1}{2}=\frac{75}{100}\div\frac{5}{2}$　（小数は分数になおす。）

$=$

⑦ $0.2\div1\frac{1}{2}$

⑧ $\frac{4}{9}\div2.4$

⑨ $3.6\div2\frac{2}{5}$

⑩ $7\div0.5\div4\frac{2}{3}$

⑪ $\frac{2}{3}\div1\frac{3}{5}\times1.8$

⑫ $2.4\times1.5\div1\frac{4}{5}$

なるほど！
分数と整数，小数が混じった計算では，まず整数，小数を分数になおし，次にわる数を逆数にして，かけ算だけの式にして計算するよ。

おかわりもんだい　別冊4ページ

分数のわり算④

～分数のわり算の文章題～

Webおかわりもんだい 算数④をみてね

勉強日　　月　　日

点数　　　点

答え▶別冊4ページ

1 $\frac{4}{5}$ dL で板を $\frac{3}{4}$ m²ぬれるペンキがあります。　式·答え各8点　32点

①このペンキ 1dL では，板を何 m²ぬれますか。

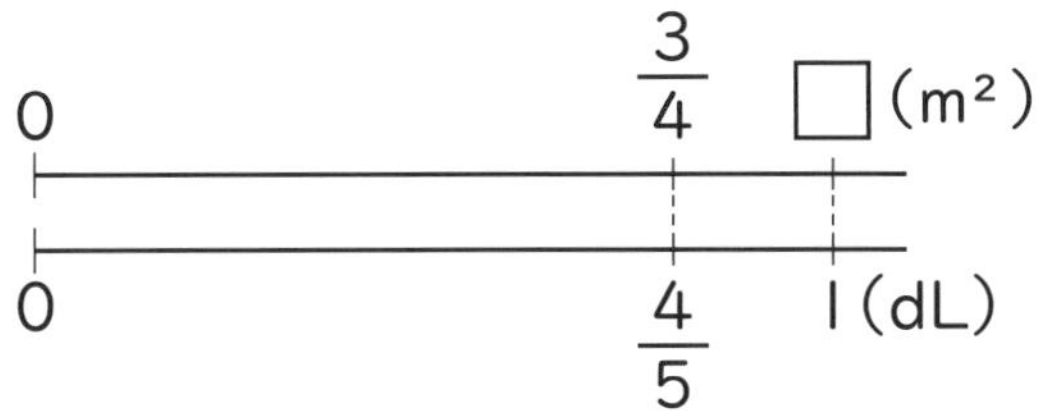

[式] $\frac{3}{4} \div \frac{4}{5}$

もとにする量はどれかを考えよう

[答え]

②板を 1m²ぬるのに，このペンキを何 dL 使いますか。

[式]

[答え]

2 $\frac{5}{9}$ L の重さが $\frac{3}{7}$ kg の油があります。この油 1L の重さは何 kg ですか。

式·答え各8点　16点

[式]

[答え]

3 $\frac{3}{5}$ m の重さが $\frac{2}{3}$ kg の鉄の棒《ぼう》があります。この棒《ぼう》 1kg の長さは何 m ですか。　式·答え各8点　16点

[式]

[答え]

4 縦《たて》の長さが $2\frac{1}{4}$ m の長方形の板の面積が 8m²のとき，この板の横の長さは何 m ですか。

式·答え各8点　16点

[式]

[答え]

レンジ だい

5 車で $62\frac{1}{2}$ km のきょりを走ったところ，1時間 15 分かかりました。車は 1 時間に何 km 走りましたか。

（15 分＝$\frac{15}{60}$ 時間）

式·答え各10点　20点

[式]

[答え]

なるほど！

1では，$\frac{4}{5}$と$\frac{3}{4}$に分母の最小公倍数である20をかけて16dLで15m²をぬれると考えると式をたてやすくなるよ。文字を使って，1dLでx《エックス》Lぬれると考えて，x《エックス》$\times\frac{4}{5}=\frac{3}{4}$と考えてもいいね。

おかわりもんだい　別冊5ページ

分数のかけ算・わり算

~比べる量やもとにする量，何倍を求める~

Webおかわりもんだい
算数④をみてね

勉強日　　月　　日

点数　　点

答え▶別冊5ページ

1 ノートが 120 円で売られています。ボールペンの値段《ねだん》は，ノートの値段《ねだん》の $\frac{2}{3}$ 倍です。ボールペンはいくらで売られていますか。　式·答え各8点　16点

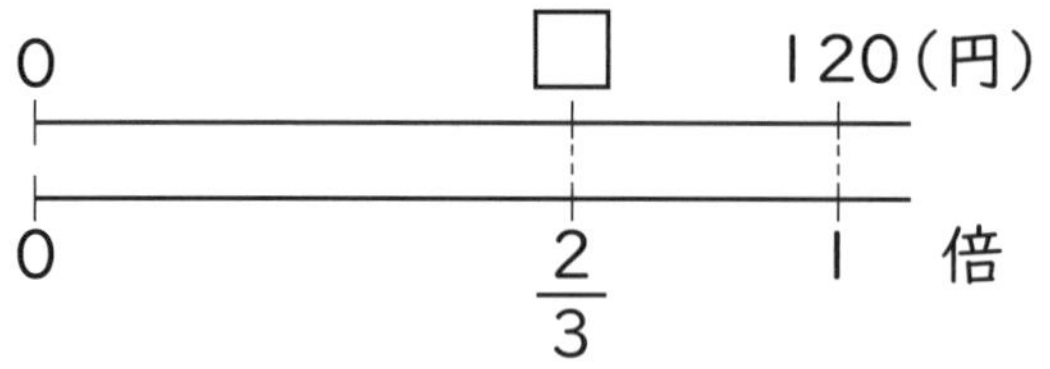

比べる量の求め方を考えよう

［式］ $120\times\frac{2}{3}$

［答え］［　　　　］

2 太いロープが $5\frac{1}{4}$ m あります。細いロープは，太いロープの $\frac{3}{7}$ 倍の長さです。細いロープは何 m ありますか。　式·答え各8点　16点

［式］

［答え］［　　　　］

3 お父さんの体重は 70kg で，お母さんの体重の $\frac{4}{3}$ 倍です。お母さんの体重は何 kg ですか。　式·答え各8点　16点

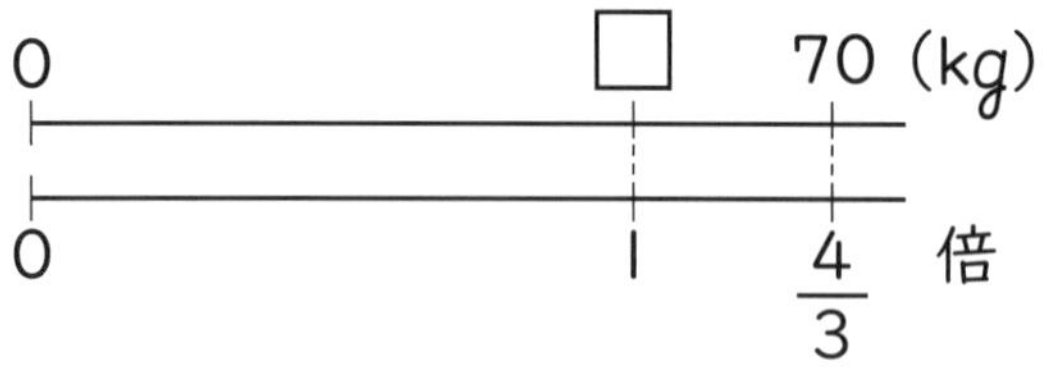

もとにする量の求め方を考えよう

［式］ $70\div\frac{4}{3}$

［答え］［　　　　］

4 牛肉を，ぶた肉の $\frac{2}{3}$ 倍の $\frac{3}{5}$ kg 使いました。ぶた肉は何 kg 使いましたか。　式·答え各8点　16点

［式］

［答え］［　　　　］

5 砂糖《さとう》が $\frac{2}{3}$ kg，小麦粉が $\frac{5}{6}$ kg あります。小麦粉は砂糖《さとう》の何倍ありますか。　式·答え各9点　18点

［式］

［答え］［　　　　］

6 オレンジジュースが $2\frac{2}{5}$ L，リンゴジュースが $1\frac{1}{3}$ L あります。オレンジジュースはリンゴジュースの何倍ありますか。　式·答え各9点　18点

［式］

［答え］［　　　　］

なるほど！
もとにする量×何倍＝比べる量 から考えよう。もとにする量と，比べる量をまちがえないようにしよう。○は□の△倍 のとき，□がもとにする量，○が比べる量だよ。

おかわりもんだい　別冊5ページ

対称な図形①
～線対称な図形の性質～

Webおかわりもんだい 算数⑤をみてね

勉強日 月 日

点数 点

答え▼別冊5ページ

1 右の図を線対称《せんたいしょう》な図形と見ます。次の[ ]にあう言葉や数・記号を書きましょう。 1つ8点 64点

①直線アイを[対称の軸]といいます。

②頂点《ちょうてん》M《エム》に対応する点は，頂点《ちょうてん》[ ]です。

③角B《ビー》に対応する角は，角[ ]です。

④辺AN《エーエヌ》に対応する辺は，辺[ ]です。

⑤直線EF《イーエフ》の長さが3cmのとき，直線DF《ディーエフ》の長さは[ ]cmです。

⑥頂点《ちょうてん》A《エー》から頂点《ちょうてん》I《アイ》までの長さが12cmのとき，直線アイから頂点《ちょうてん》I《アイ》までの長さは[ ]cmです。

⑦辺MK《エムケー》と直線アイとは[ ]に交わっています。

⑧直線アイのほかに，対称《たいしょう》の軸《じく》は[ ]本あります。

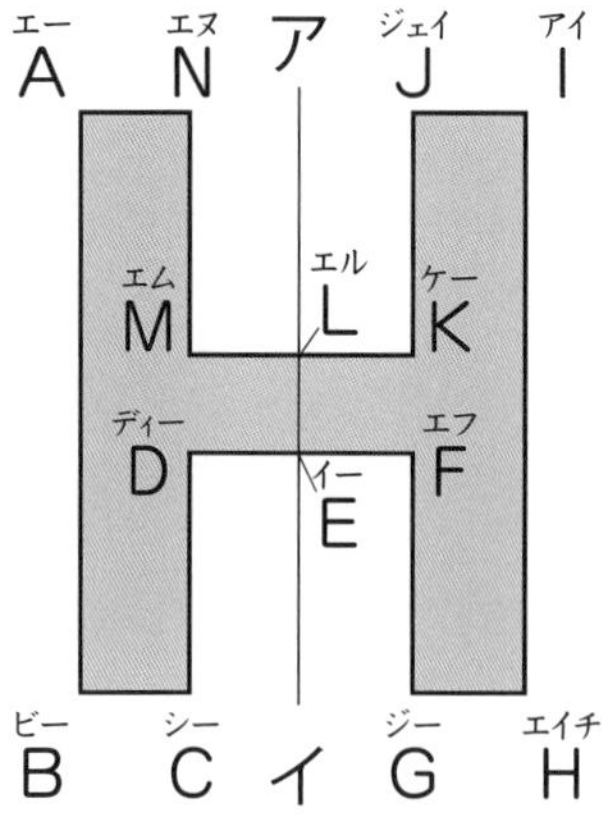

2 右の図は線対称《せんたいしょう》な図形です。次の問いに答えましょう。 1つ9点 36点

線対称《せんたいしょう》な図形の性質を学ぼう

①角あは何度ですか。 [ ]

角G《ジー》に対応する角は角B《ビー》。

②角いは何度ですか。 [ ]

③辺AG《エージー》の長さは何cmですか。 [ ]

④直線BH《ビーエイチ》の長さは何cmですか。 [ ]

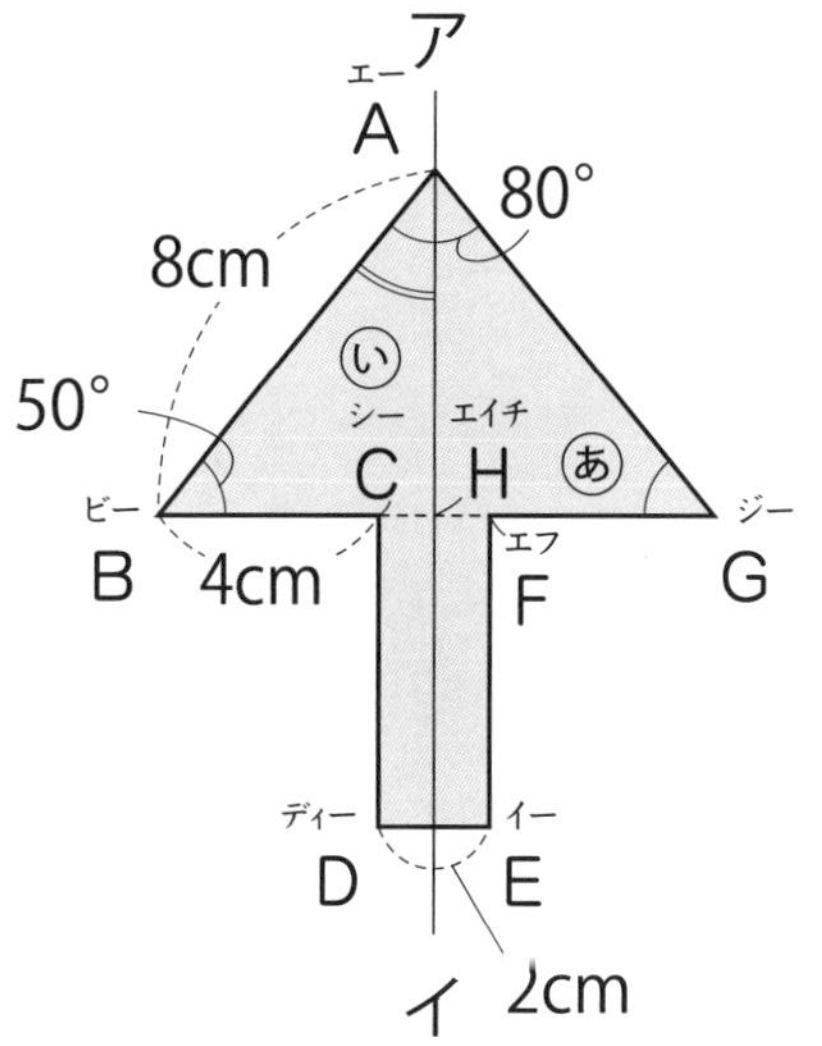

なるほど！

線対称《せんたいしょう》な図形の性質を覚えよう。対称《たいしょう》の軸《じく》で分けた２つの図形は合同で，対応する頂点《ちょうてん》を結ぶ直線は，対称《たいしょう》の軸《じく》と垂直《すいちょく》に交わるよ。

おかわりもんだい 別冊5ページ

対称な図形②

～対称の軸をかく，線対称な図形をかく～

Webおかわりもんだい 算数⑤をみてね

勉強日　　月　　日

点数　　点

答え▼別冊6ページ

1 次の図は線対称《せんたいしょう》な図形です。対称《たいしょう》の軸《じく》をかき入れましょう。　1つ14点　42点

①

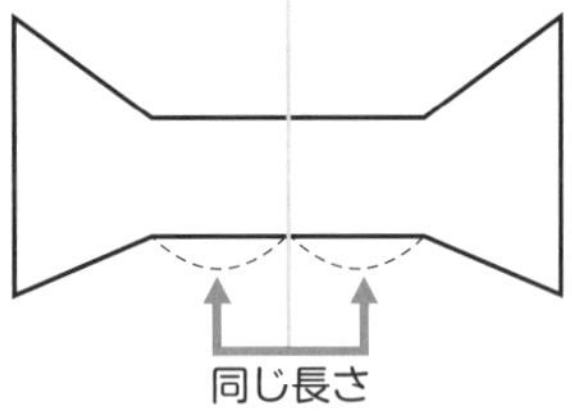

②

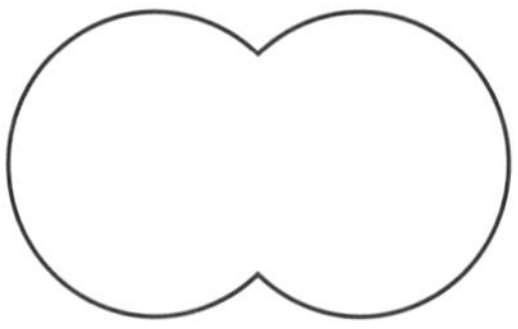

（2本あります。）

③

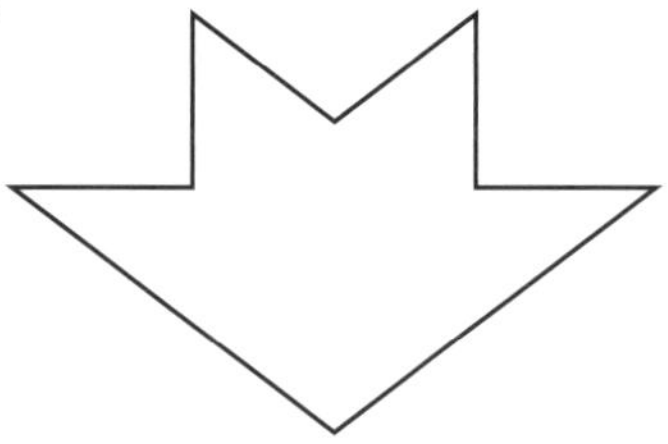

2 下の方眼に，直線アイを対称《たいしょう》の軸《じく》とする，線対称《せんたいしょう》な図形をかきましょう。　1つ14点　28点

線対称《せんたいしょう》な図形のかき方を学ぼう

①

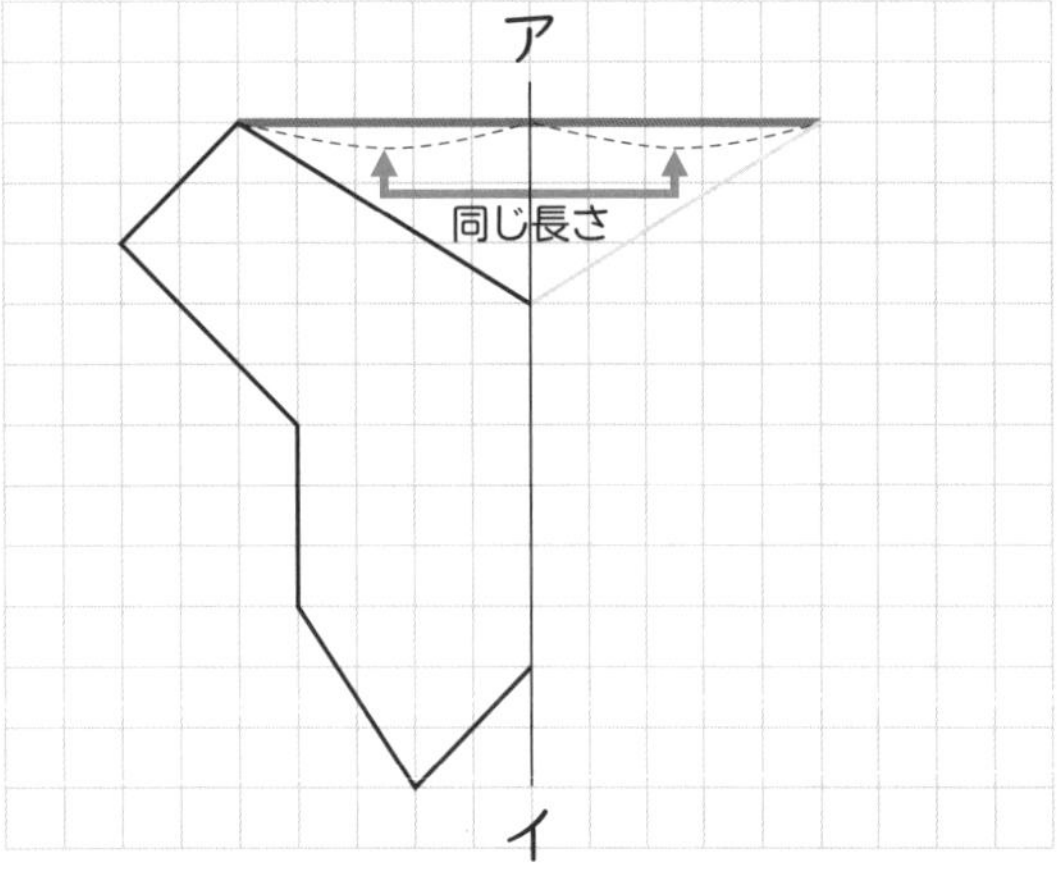

②

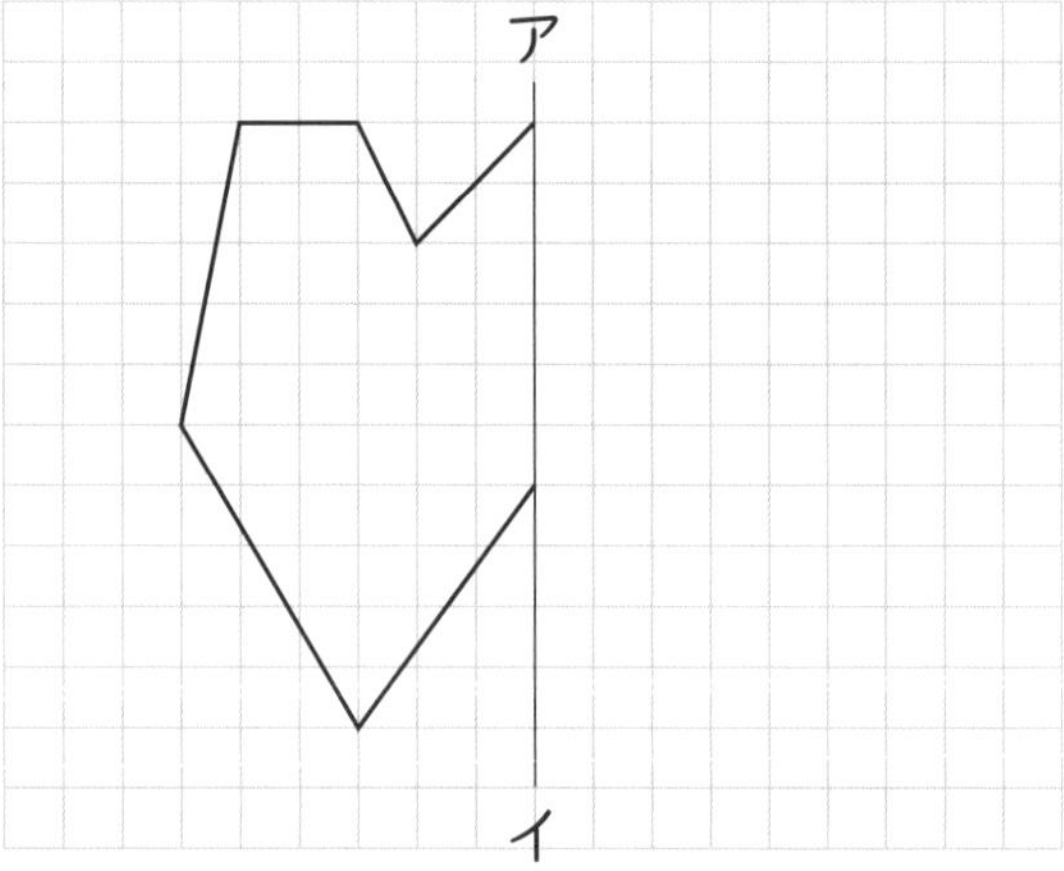

3 定規を使って，直線アイを対称《たいしょう》の軸《じく》とする，線対称《せんたいしょう》な図形をかきましょう。　1つ15点　30点

①

線対称《せんたいしょう》な図形の
かき方を学ぼう

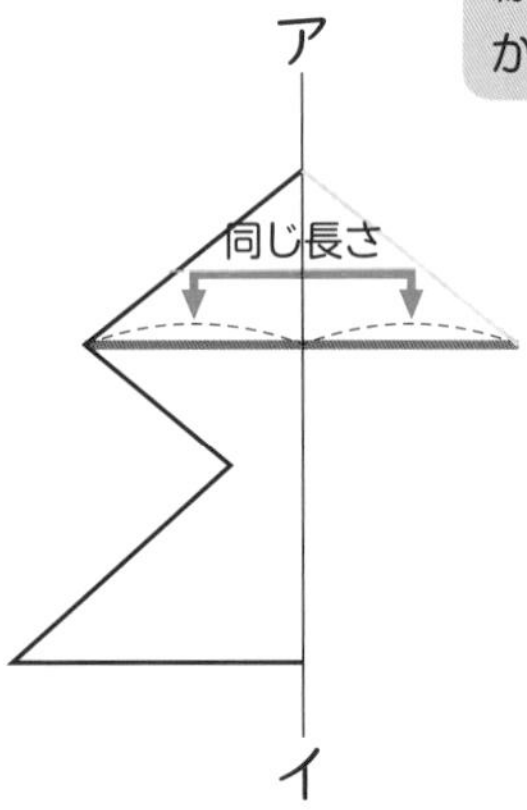

②

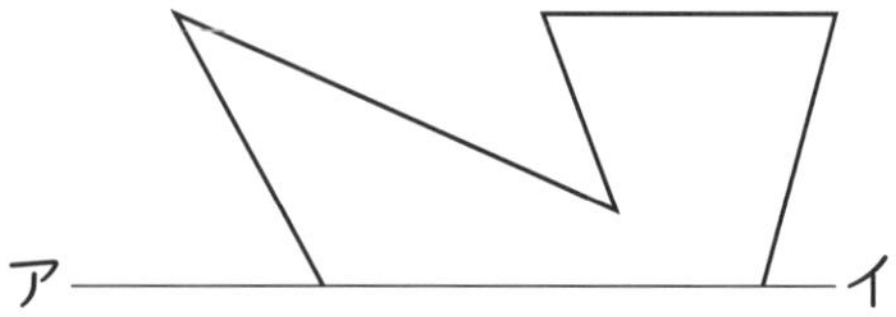

なるほど！ **1**では，まず対応する頂点《ちょうてん》や線を見つけよう。**2**，**3**では，各頂点《ちょうてん》から直線アイに垂直《すいちょく》な線をひいて，マス目を数えたり長さをはかったりして，対応する点をとろう。

おかわりもんだい　別冊6ページ

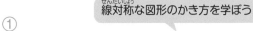

対称な図形③

～点対称な図形の性質～

Webおかわりもんだい 算数⑤をみてね

勉強日　　月　　日

点数　　点

答え▼別冊6ページ

1 右の図を点対称《てんたいしょう》な図形と見ます。次の[　]にあう言葉や数・記号を書きましょう。　1つ8点　64点

①点O《オー》を[対称の中心]といいます。

②頂点《ちょうてん》A《エー》に対応する点は，頂点《ちょうてん》[　　]です。

③辺LK《エルケー》に対応する辺は，辺[　　]です。

④角B《ビー》に対応する角は，角[　　]です。

⑤頂点《ちょうてん》H《エイチ》を点O《オー》のまわりに[　　]°回転させると，頂点《ちょうてん》B《ビー》に重なります。

⑥直線OE《オーイー》の長さが2cmのとき，直線KE《ケーイー》の長さは[　　]cmです。

⑦直線IC《アイシー》の長さが18cmのとき，直線IO《アイオー》の長さは[　　]cmです。

⑧直線AG《エージー》と直線BH《ビーエイチ》は，点[　　]を通ります。

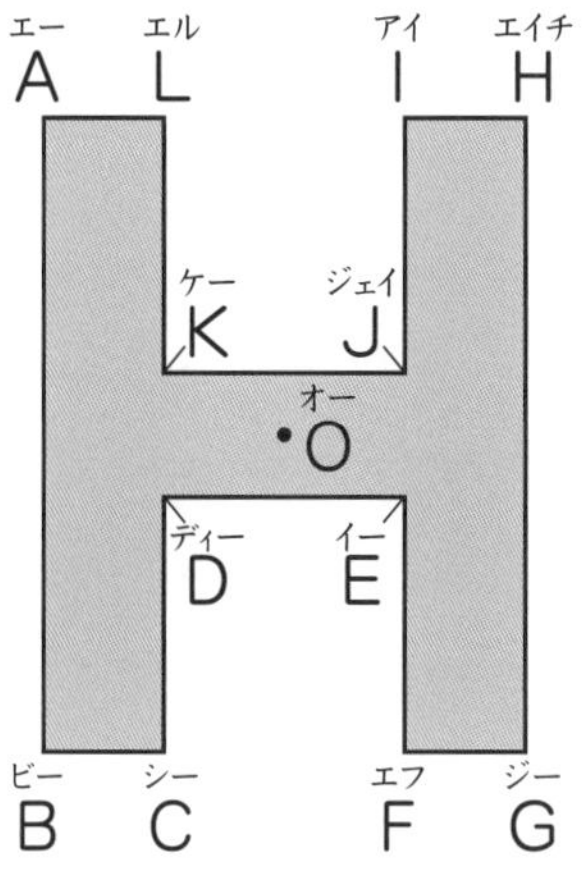

2 右の図は点対称《てんたいしょう》な図形です。次の問いに答えましょう。　1つ9点　36点

点対称《てんたいしょう》な図形の性質を学ぼう

①角E《イー》は何度ですか。　[　　]

角E《イー》に対応する角は角B《ビー》。

②辺CD《シーディー》の長さは何cmですか。　[　　]

③直線BE《ビーイー》の長さは38cmです。直線OE《オーイー》の長さは何cmですか。　[　　]

④頂点《ちょうてん》F《エフ》は，点O《オー》のまわりに何度回転させると，頂点《ちょうてん》C《シー》に重なりますか。　[　　]

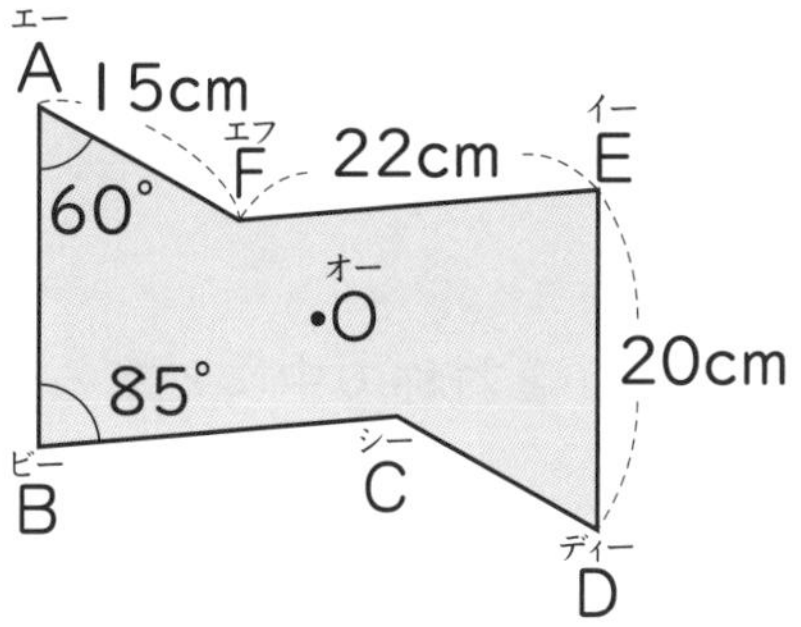

なるほど！　点対称《てんたいしょう》な図形の性質を覚えよう。対称《たいしょう》の中心（点O《オー》）は，対応する頂点《ちょうてん》を結ぶ直線の真ん中にあるよ。

おかわりもんだい　別冊6ページ

対称な図形④

～対称の中心をかく，点対称な図形をかく～

Webおかわりもんだい
算数⑤をみてね

勉強日　　月　　日

点数　　点

答え▼別冊6ページ

1 次の図は点対称《てんたいしょう》な図形です。対称《たいしょう》の中心O《オー》をかき入れましょう。　1つ14点　42点

① 対称《たいしょう》の中心の見つけ方を考えよう

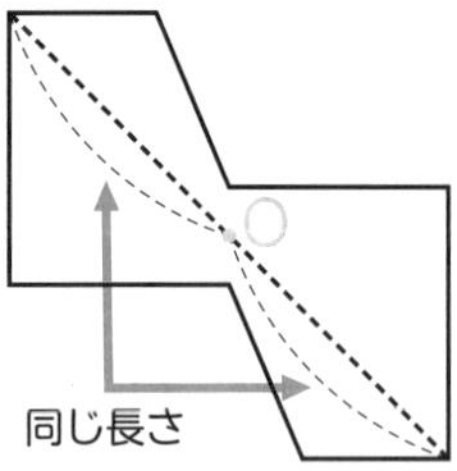

②

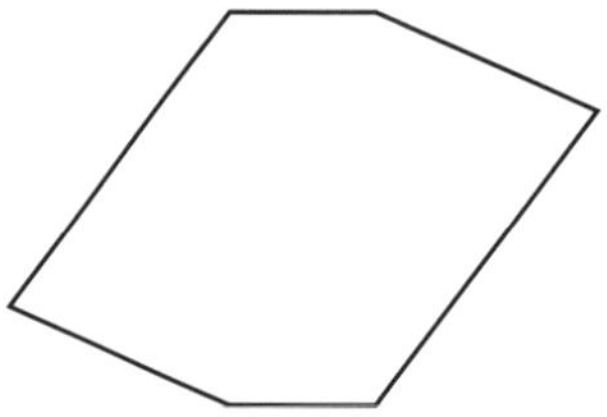

③

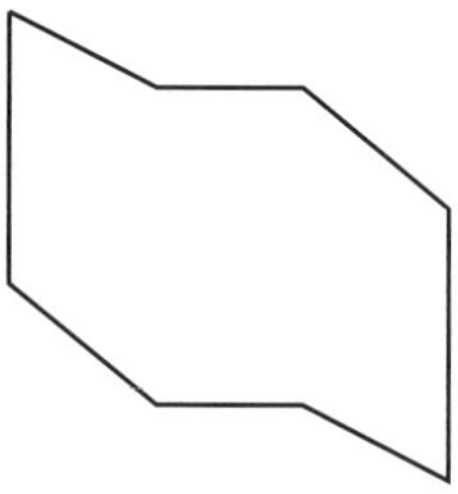

2 方眼を利用して，点O《オー》を対称《たいしょう》の中心とする，点対称《てんたいしょう》な図形をかきましょう。　1つ14点　28点

①

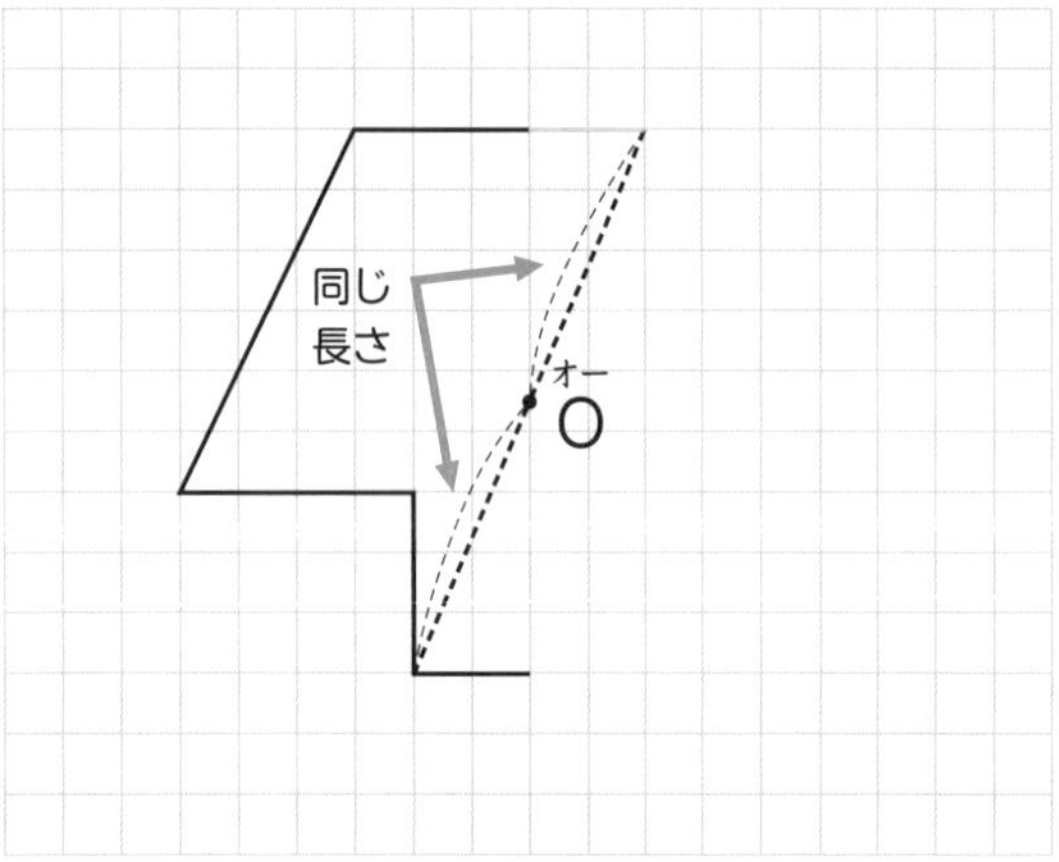

②

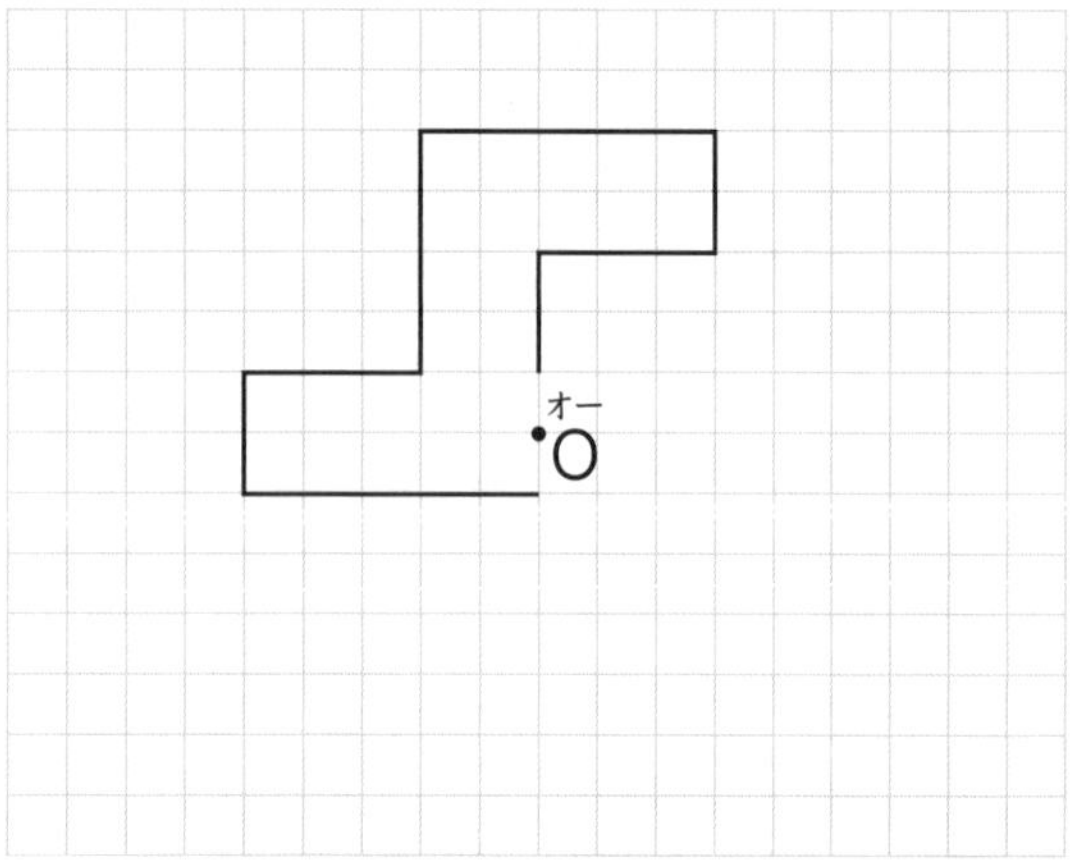

3 点O《オー》を対称《たいしょう》の中心とする，点対称《てんたいしょう》な図形をかきましょう。　1つ15点　30点

① 点対称《てんたいしょう》な図形のかき方を学ぼう

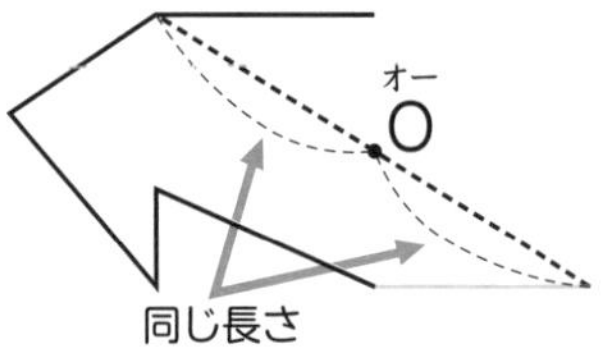

②

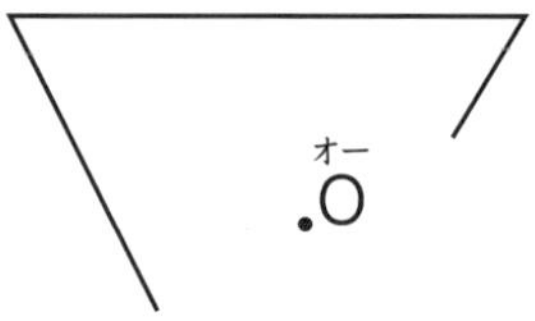

なるほど！ 対応する頂点《ちょうてん》を結ぶ直線を2本ひけば，その交点が対称《たいしょう》の中心だよ。**2**，**3**は，頂《ちょう》点《てん》と点O《オー》を結んで，その長さと同じだけ，直線をのばしたところに点をとればいいよ。

おかわりもんだい　別冊7ページ

対称な図形⑤
～多角形と対称～

Webおかわりもんだい
算数⑤をみてね

勉強日　　月　　日

点数　　点

答え▶別冊7ページ

1 次の図形のうち，線対称《せんたいしょう》な図形には，対称《たいしょう》の軸《じく》をあるだけかき入れましょう。また，点対称《てんたいしょう》な図形には，対称《たいしょう》の中心O《オー》をかき入れましょう。線対称《せんたいしょう》でもあり点対称《てんたいしょう》でもあるものには，両方かき入れましょう。

1つ8点　48点

①
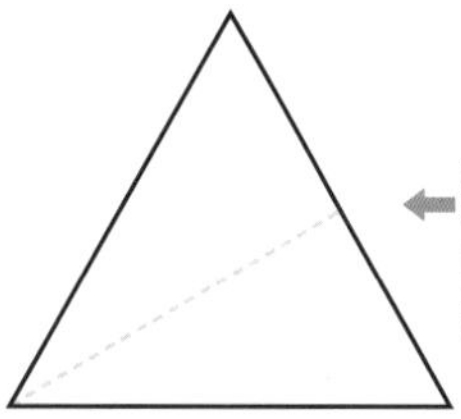
←対称《たいしょう》の軸《じく》を折り目にすると，ぴったり重なる。
正三角形

②

長方形

③
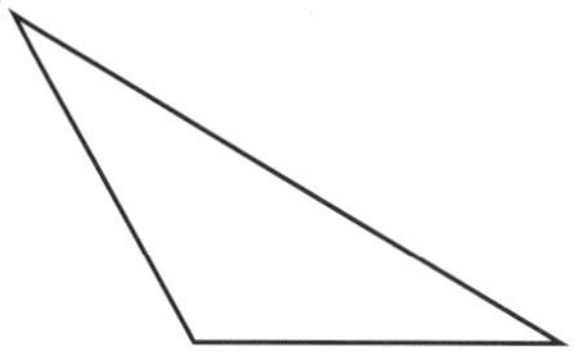
二等辺三角形

④
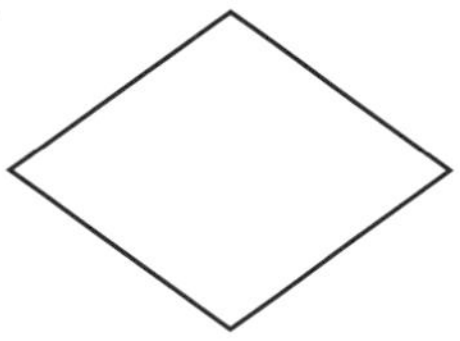
ひし形

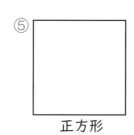

⑤

正方形

⑥
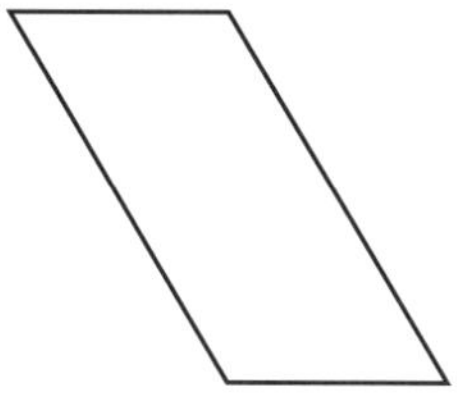
平行四辺形

2 次の図形について，線対称《せんたいしょう》な図形には○を，点対称《てんたいしょう》な図形には△を，[　]にかきましょう。線対称《せんたいしょう》でもあり点対称《てんたいしょう》でもあるものには，両方かきましょう。

1つ6点　24点

① 正五角形
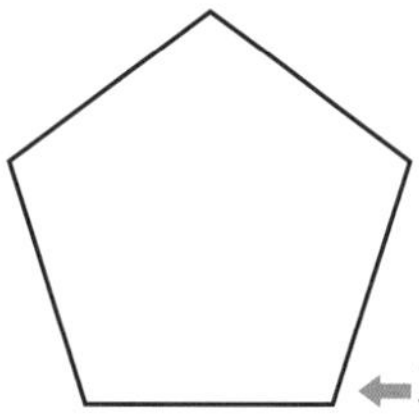
[　]
←正五角形は2つに折ると重なるが，180°回すと重ならない。

② 正八角形
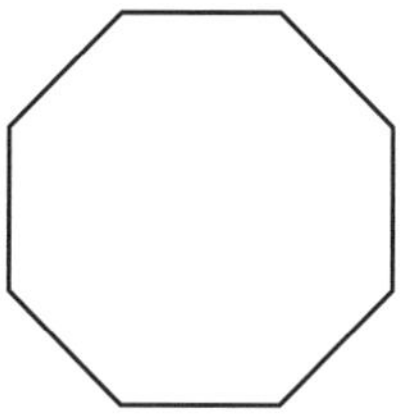
[　]

③ 正六角形
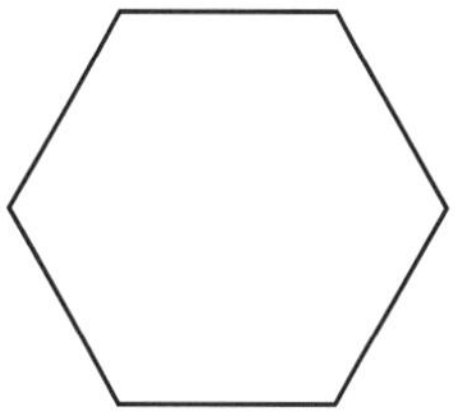
[　]

④ 円
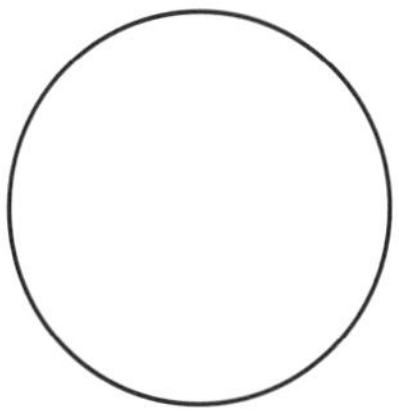
[　]

3 次の図形の対称《たいしょう》の軸《じく》の数を書きましょう。

1つ7点　28点

①円　　円は，中心を通るどんな線で折っても重なる。→ [無数]

②正五角形 [　]

③正六角形 [　]

④正八角形 [　]

なるほど！
正多角形はすべて線対称《せんたいしょう》で，対称《たいしょう》の軸《じく》は，頂点《ちょうてん》の数と同じだけあるよ。頂点《ちょうてん》の数が偶数《ぐうすう》個ある正多角形は点対称《てんたいしょう》でもあることを覚えておこう。

おかわりもんだい
別冊7ページ

18 比①

～割合と比，比の値～

Webおかわりもんだい 算数⑥をみてね

勉強日　　月　　日

点数　　点

答え▼別冊7ページ

1 次の２つの量の割合《わりあい》を，比で表しましょう。　①，②各9点，③10点　28点

①長さ 5m のリボンと 3m のリボン

比の表し方を学ぼう

：を使って表す。→［ 5：3 ］

② 1.8L のジュースと 2L のお茶

［　　　］

チャレンジもんだい

③重さ 800g の箱と 1kg の箱 ← 単位をそろえる。

［　　　］

2 次の比の値《あたい》を求めましょう。　1つ6点　72点

① 8：5

比の値《あたい》の求め方を学ぼう

8÷5 → ［ $\frac{8}{5}$ $\left(1\frac{3}{5}\right)$ ］

② 3：4

［　　　］

③ 1：7

［　　　］

④ 9：1

［　　　］

⑤ 12：3

［　　　］

⑥ 7：21

［　　　］

⑦ 0.4：0.5

［　　　］

⑧ 0.2：1.6

［　　　］

⑨ $\frac{3}{7}$：$\frac{1}{4}$

［　　　］

⑩ $\frac{1}{3}$：$\frac{2}{9}$

［　　　］

⑪ 3：1.8

［　　　］

⑫ $\frac{3}{4}$：2.5

［　　　］

なるほど！

a《エー》とb《ビー》の割合《わりあい》はa《エー》とb《ビー》の比《ひ》といって，a《エー》：b《ビー》で表せるよ。比《ひ》を表すときは，単位をそろえよう。a《エー》：b《ビー》の比の値《あたい》は，b《ビー》をもとにしたa《エー》の割合《わりあい》で，$\frac{a}{b}$ で表されるよ。

おかわりもんだい　別冊7ページ

算数

19 比②
～等しい比，比を簡単にする～

Webおかわりもんだい
算数⑥をみてね

勉強日　　月　　日

点数　　点

答え▼別冊7ページ

1 [　]にあてはまる数を書いて，等しい比をつくりましょう。　1つ5点　40点

等しい比のつくり方を覚えよう

÷2

① 12：4＝[6]：2

12÷2

② 15：25＝30：[　　]

③ 36：24＝9：[　　]

④ 5：8＝[　　]：40

⑤ 28：16＝[　　]：12

⑥ 6：15＝8：[　　]

⑦ 0.5：0.4＝[　　]：8

⑧ $\frac{9}{8}:\frac{3}{8}=3:$[　　]

2 次の比を簡単《かんたん》にしましょう。　1つ6点　60点

① 18：6　[3：1]

18と6の最大公約数でわる。

② 9：45　[　　]

③ 16：24　[　　]

④ 40：12　[　　]

⑤ 0.6：4.2　[　　]

⑥ 1.3：26　[　　]

⑦ $\frac{3}{4}:\frac{3}{8}$　[　　]

⑧ $\frac{4}{5}:\frac{2}{3}$　[　　]

⑨ 3.6：8　[　　]

⑩ $\frac{5}{6}:0.25$　[　　]

なるほど！
両方に同じ数をかけても，両方を同じ数でわっても，比は等しいよ。整数の比を簡単《かんたん》にするときは，両方をその最大公約数でわるよ。小数や分数の比は，まず整数の比になおそう。

おかわりもんだい　別冊8ページ

20 比③
～比の利用～

Webおかわりもんだい
算数⑥をみてね

勉強日　　月　　日

点数　　点

答え▼別冊8ページ

1 あるお店で，シュークリームを 200 円で売っています。シュークリームとチョコレートケーキの値段《ねだん》の比は 4：7 です。チョコレートケーキの値段《ねだん》はいくらですか。　式·答え各10点　20点

比の求め方を考えよう

［式］ $4:7=200:x$ ← チョコレートケーキの値段《ねだん》を x《エックス》円とする。

$x=$

［答え］［　　　　］

2 長方形の形をした花だんを，縦《たて》と横の長さを 3：5 の割合《わりあい》でつくります。横の長さを 15m にすると，縦《たて》の長さは何 m になりますか。　式·答え各10点　20点

［式］

［答え］［　　　　］

3 4200 円のゲームを，兄と弟が 2：1 の割合《わりあい》でお金を出し合って買います。それぞれ，何円出しますか。　式·答え各10点　20点

［式］

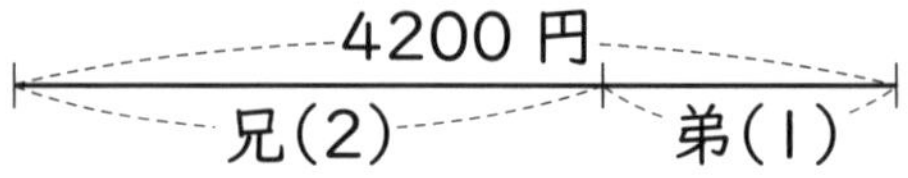

［答え］兄［　　　　］　弟［　　　　］

4 長さが 18m あるロープを，長さの比が 3：2 になるように 2 本に切ります。短いほうの長さは何 m になりますか。　式·答え各10点　20点

［式］

［答え］［　　　　］

チャレンジもんだい

5 あるクラスで海と山のどちらが好きかを調べました。山と答えた生徒は 14 人で，山と答えた生徒と海と答えた生徒の人数の比は 7：8 でした。このクラスの人数は何人ですか。　式·答え各10点　20点

［式］

［答え］［　　　　］

なるほど！

1，**2**は求めるものを x《エックス》とおいて，等しい比の関係を式にしよう。**3**，**4**は全体を，a《エー》＋b《ビー》に分けるよ。**5**は 14 人が比の 7 にあたり，クラス全体は（7＋8＝）15 にあたるよ。

おかわりもんだい　別冊8ページ

資料の調べ方①
～資料のちらばりを表す表～

Webおかわりもんだい 算数⑦をみてね

勉強日　　月　　日

点数　　点

答え▼別冊8ページ

1 下の資料は，あるクラスの男子の体重を測定した結果です。　①～⑧各10点，⑨20点　100点

43　51　60　48　57　64　59　60　54　63
51　62　64　59　57　49　65　57　52　45

男子の体重

体重(kg)	人数(人)
40以上～45未満	1
45～50	
50～55	
55～60	
60～65	
65～70	
合計	

①右の表に整理しましょう。　数えまちがいがないように気をつけよう

②階級のはばは何 kg ですか。　[　　]

③度数が最も多いのは，どのはんいですか。

[　　]

④体重が 50kg の人は，どのはんいに入りますか。

[　　]

⑤体重が 55kg 以上の人は，何人ですか。また，その割合《わりあい》は，クラスの男子全体の何%ですか。整数で求めましょう。

人数 [　　]　割合《わりあい》 [　　]

⑥軽いほうから数えて 7 番目の人は，どのはんいに入りますか。

[　　]

⑦体重の平均を求めましょう。　[　　]

⑧最頻値《さいひんち》を求めましょう。　[　　]

最も人数が多い体重。

⑨上の度数分布表《どすうぶんぷひょう》をヒストグラムに表しましょう。

表の階級ごとに，人数分のマスをぬるよ。

男子の体重

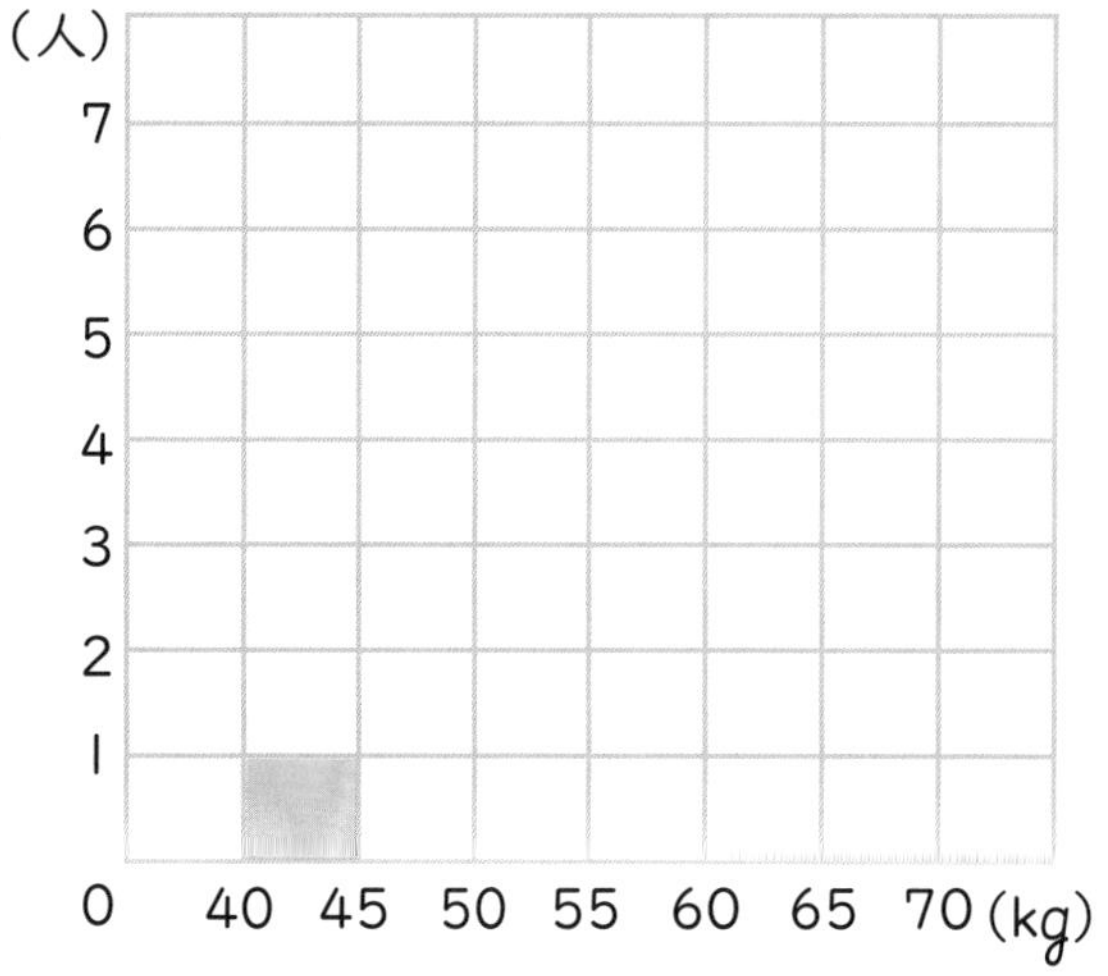

なるほど！

資料を表に整理するときは，それぞれのはんいに正の字を書きながら人数を数えよう。「○以上」は○をふくみ，「○未満」は○をふくまないよ。

おかわりもんだい 別冊9ページ

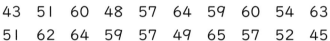

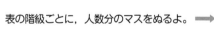

資料の調べ方②
～いろいろなグラフ～

Webおかわりもんだい 算数⑦をみてね

勉強日　　月　　日

点数　　点

答え▶別冊9ページ

1 右のヒストグラムは６年１組の小テストの結果を表したものです。　1つ15点　45点

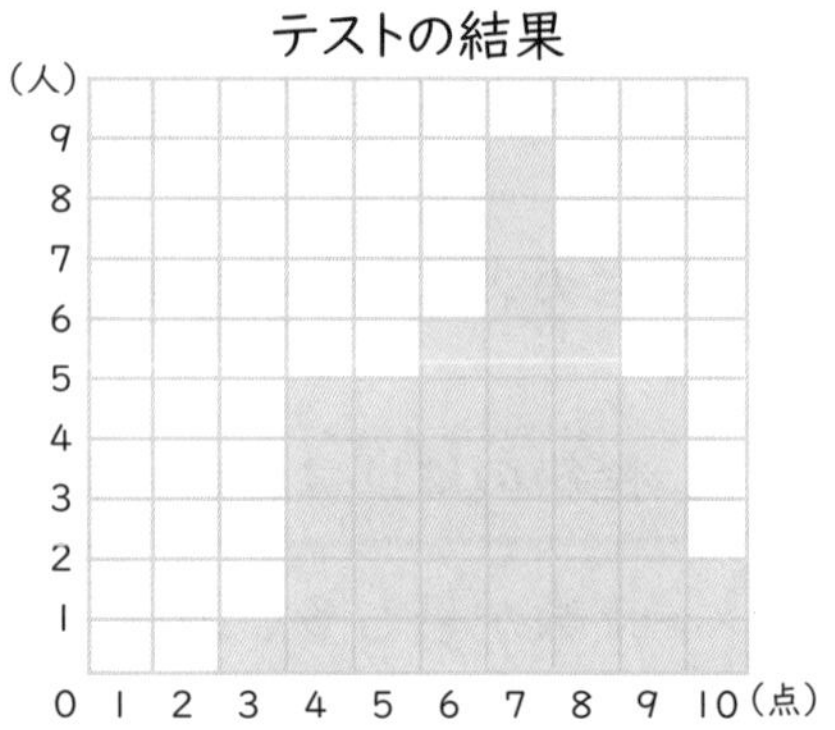

①テストを受けたのは何人ですか。　［ 40人 ］

グラフから読み取ろう

②平均点は何点ですか。　［　　］

③８点以上の人数は，全体の何％にあたりますか。　［　　］

2 下のグラフは，ある県の年れい別人口を表しています。　①，②1つ10点，③15点　55点

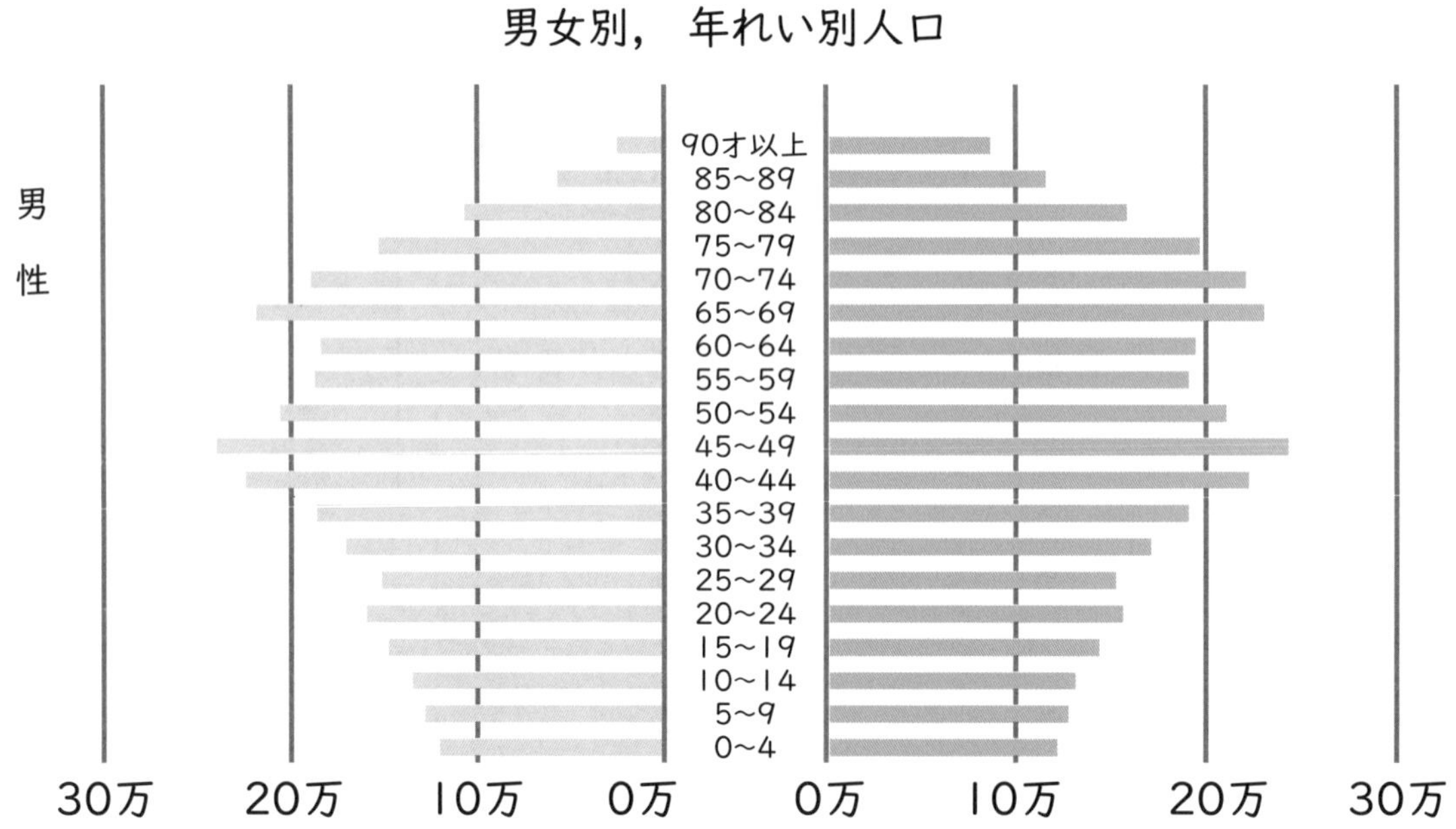

①男性と女性で人口がいちばん多いのは，それぞれどのはんいですか。

男性［ 45～49才 ］，女性［　　］

②男性と女性で人口がいちばん少ないのは，それぞれどのはんいですか。

男性［　　］，女性［　　］

③女性で，0～4才と，85～89才では，どちらの人口が多いですか。

［　　］

なるほど！　平均点は，それぞれの点数にその点数の人数をかけたものをたして，全体の人数でわるよ。人数の数え忘《わす》れに気をつけよう。

おかわりもんだい　別冊9ページ

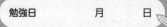

1学期のまとめ

点数　　点

勉強日　　月　　日

答え▼別冊9ページ

1 次の計算をしましょう。　1つ6点　24点

① $\dfrac{9}{10} \times \dfrac{5}{6}$

② $1\dfrac{4}{5} \times \dfrac{1}{6}$

③ $\dfrac{7}{12} \div \dfrac{3}{4}$

④ $2\dfrac{1}{4} \div 6$

2 縦《たて》が 1.5m，横が x《エックス》 m の長方形の花だんがあります。面積は y《ワイ》 m^2 です。x《エックス》 と y《ワイ》 の関係を式に表し，x《エックス》 の値《あたい》が 4 のときの y《ワイ》 の値《あたい》を求めましょう。　1つ5点　10点

［式］［　　　　］　［y《ワイ》 の値《あたい》］［　　　　］

3 兄と弟がお金を出し合って 2400 円のゲームを買いました。兄と弟が出した金額の比は 5：3 です。弟はいくら出しましたか。　式·答え各6点　12点

［式］

［答え］［　　　　］

4 右の図は線対称《せんたいしょう》であり，点対称《てんたいしょう》でもある図形です。　1つ6点　54点

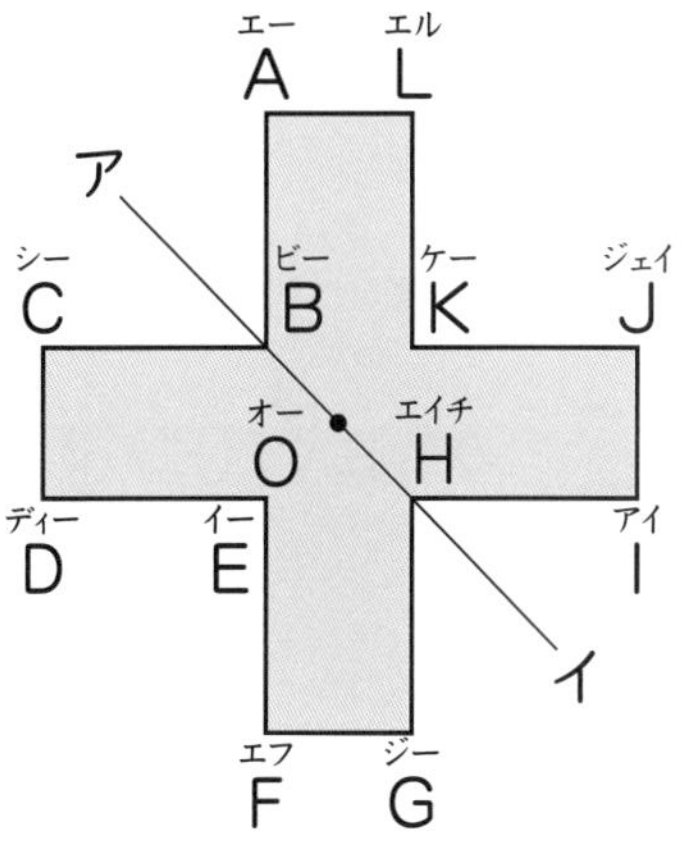

①対称《たいしょう》の軸《じく》は何本ありますか。［　　　　］

②直線アイを対称《たいしょう》の軸《じく》としたとき，次の頂点《ちょうてん》や辺に対応する頂点《ちょうてん》や辺を答えましょう。

㋐頂点《ちょうてん》 K《ケー》［　　　　］　㋑頂点《ちょうてん》 F《エフ》［　　　　］

㋒辺 C D《シーディー》［　　　　］　㋓辺 E F《イーエフ》［　　　　］

③点対称《てんたいしょう》と見て，次の頂点《ちょうてん》や辺に対応する頂点《ちょうてん》や辺を答えましょう。

㋐頂点《ちょうてん》 I《アイ》［　　　　］　㋑頂点《ちょうてん》 F《エフ》［　　　　］

㋒辺 CD《シーディー》［　　　　］　㋓辺 E F《イーエフ》［　　　　］

なるほど！

1学期で学習した内容をおさらいしよう。まちがえたところはもう一度復習しておこう。

2学期の先取り
～円の面積，角柱，円柱の体積～

勉強日　　月　　日

点数　　点

答え▼別冊10ページ

1 次の図形の面積を求めましょう。　式·答え各5点　20点

①

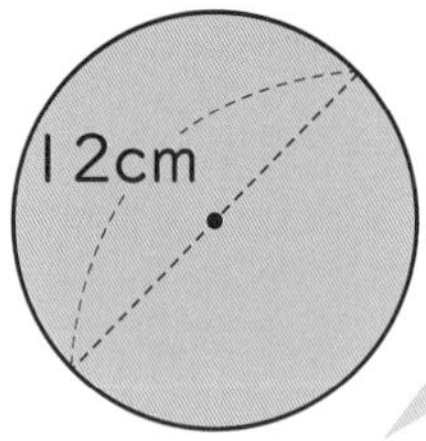

円の面積の公式を覚えよう

半径×半径×3.14

［式］6×6×3.14

［答え］［　　　　］

②

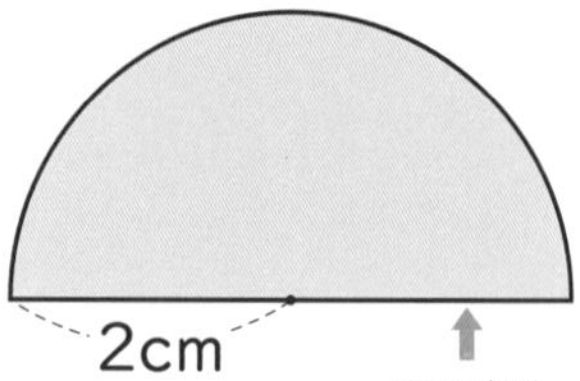

［式］

［答え］［　　　　］

2 下の表で，①の y《ワイ》は x《エックス》に比例しています。②の y《ワイ》は x《エックス》に反比例しています。表のあいているところに数を書きましょう。また，y《ワイ》を x《エックス》の式で表しましょう。　①，②表1つ5点，式各10点　60点

①

x《エックス》(m)	2	3	4	5	6
y《ワイ》(円)		90			

y《ワイ》が x《エックス》に比例するとき，y《ワイ》＝決まった数× x《エックス》

［式］［　　　　］

②

x《エックス》(L)	2	3	4	5	6
y《ワイ》(分)		60			

y《ワイ》が x《エックス》に反比例するとき，y《ワイ》＝決まった数÷ x《エックス》

［式］［　　　　］

3 次の角柱や円柱の体積を求めましょう。　式·答え各5点　20点

①

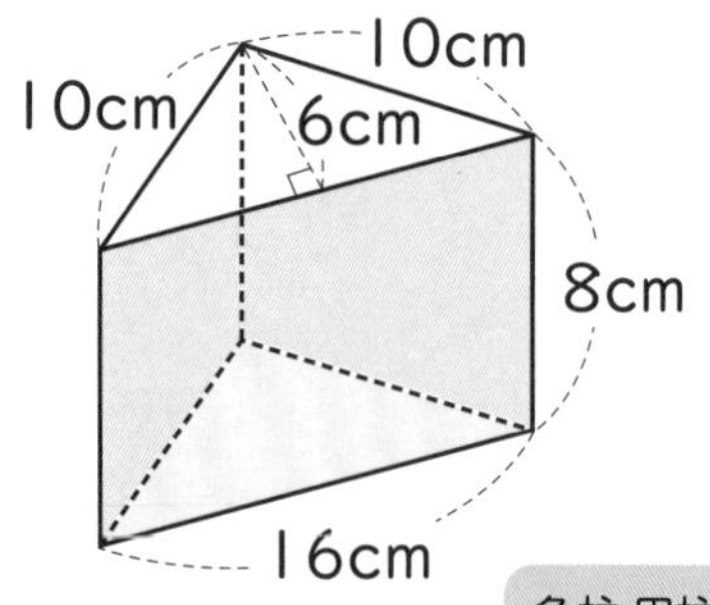

角柱,円柱の体積の公式を覚えよう

［式］(16×6÷2)×8

底面の面積　高さ

［答え］［　　　　］

②

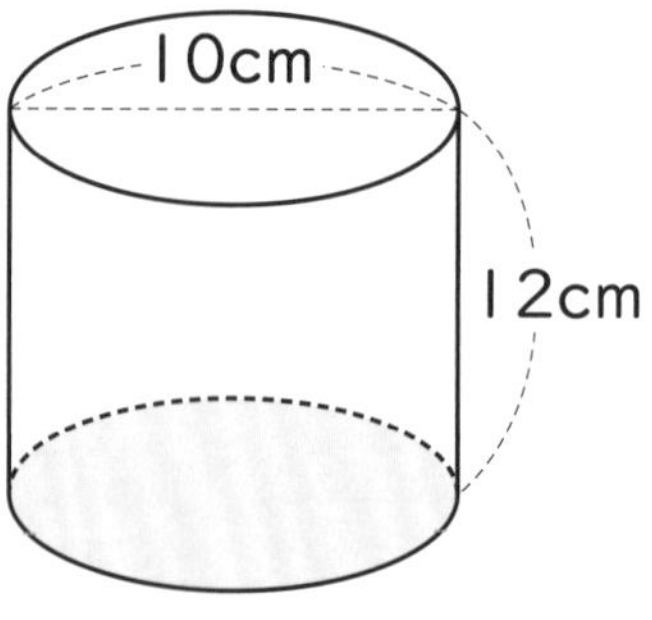

［式］

［答え］［　　　　］

なるほど！

円の面積は半径×半径×3.14で求められるよ。3.14を円周率というよ。角柱や円柱の体積の公式は，底面の面積×高さだよ。覚えておこう。

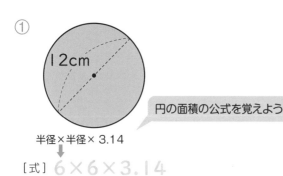

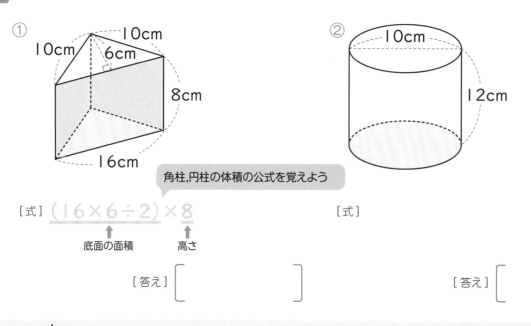

1 ものの燃え方と空気

勉強日　　月　　日

点数　　点

答え▶別冊11ページ

1 下の図のように，ろうそくの燃え方を調べました。[　　] に当てはまるものを㋐～㋓から選んで，記号を書きましょう。

1つ20点　40点

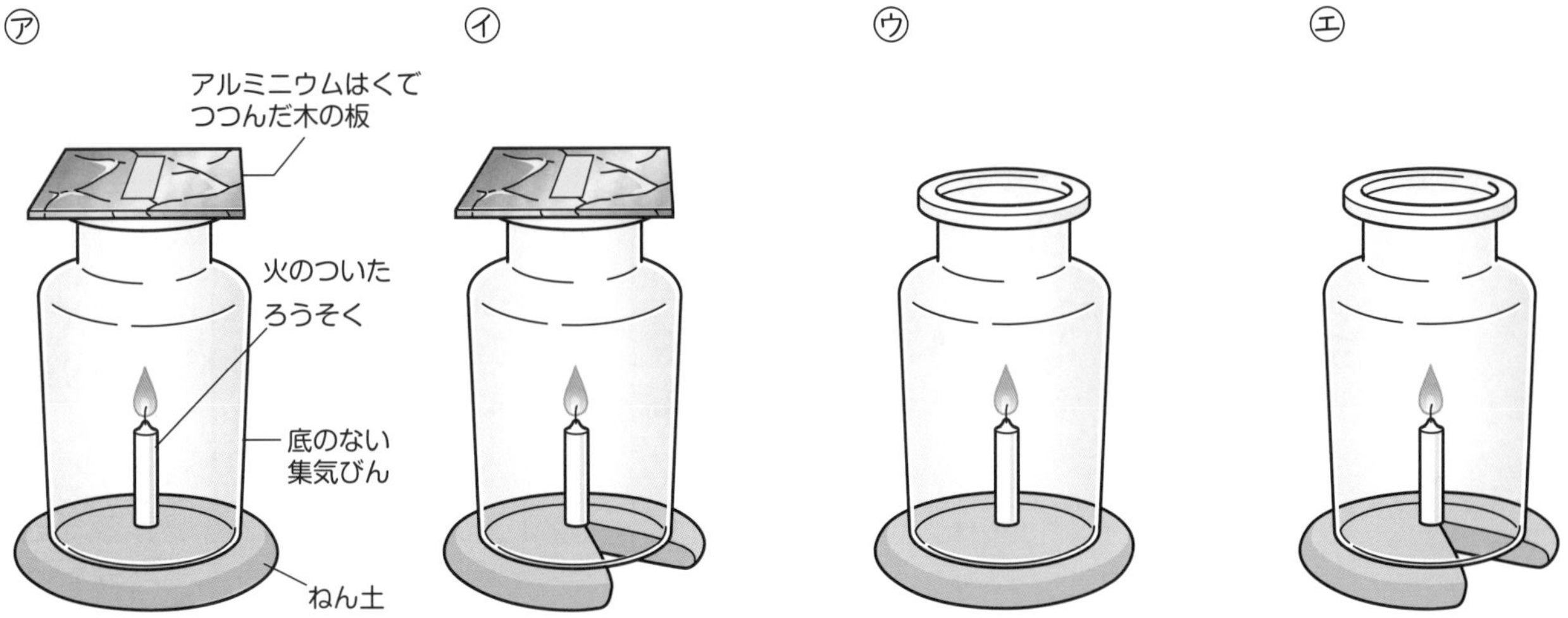

●ものが燃え続けるためには空気が入れかわる必要があるので，上の図でろうそくが燃え続けるのは，[　　　] と [　　　] である。

学校では線香を使って
空気の流れを見たね。

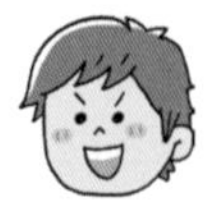

2 下の図は，ろうそくが燃える前と燃えた後の集気びんの中の空気のようすを表したものです。[　　] に当てはまる言葉を○で囲みましょう。

1つ12点　60点

●ろうそくが燃えると，空気中の① [酸素・ちっ素・二酸化炭素] の一部が使われて，② [酸素・ちっ素・二酸化炭素] ができる。

●右の図で，ろうそくが燃える前後で，

■は数が減っているので，

③ [酸素・ちっ素・二酸化炭素] である。

▲は数が増えているので，

④ [酸素・ちっ素・二酸化炭素] である。

○は数が変化していないので，

⑤ [酸素・ちっ素・二酸化炭素] である。

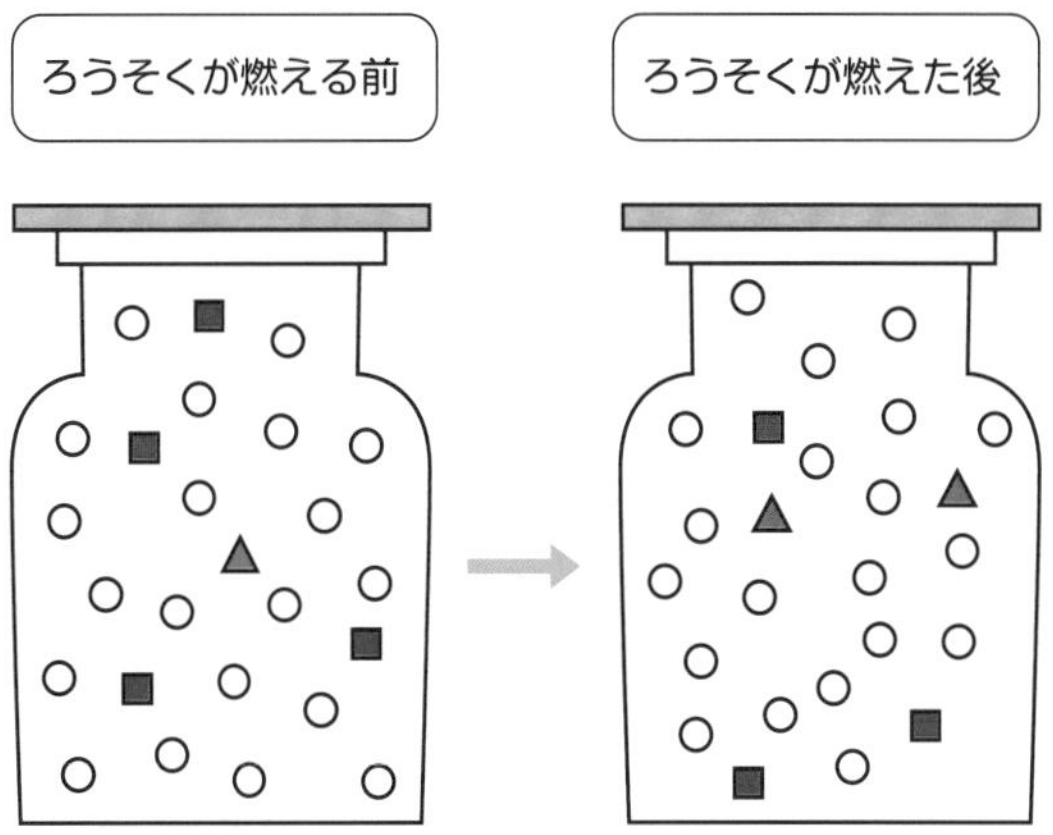

なるほど！

2019年にノーベル化学賞をもらった吉《よし》野《の》彰《あきら》さんが，科学に興味をもつきっかけとなった『ロウソクの科学』という本を，夏休みに読んでみよう。

2 人のからだ①

勉強日　　月　　日

点数　　点

答え▼別冊11ページ

1 下の図は，食べ物の消化《しょうか》と吸収《きゅうしゅう》に関係する臓器《ぞうき》を表したものです。図中の➡をつないで，食べ物が通る順になぞりましょう。また，①～④に当てはまる臓器《ぞうき》の名前を書きましょう。

図20点　①～④1つ10点　60点

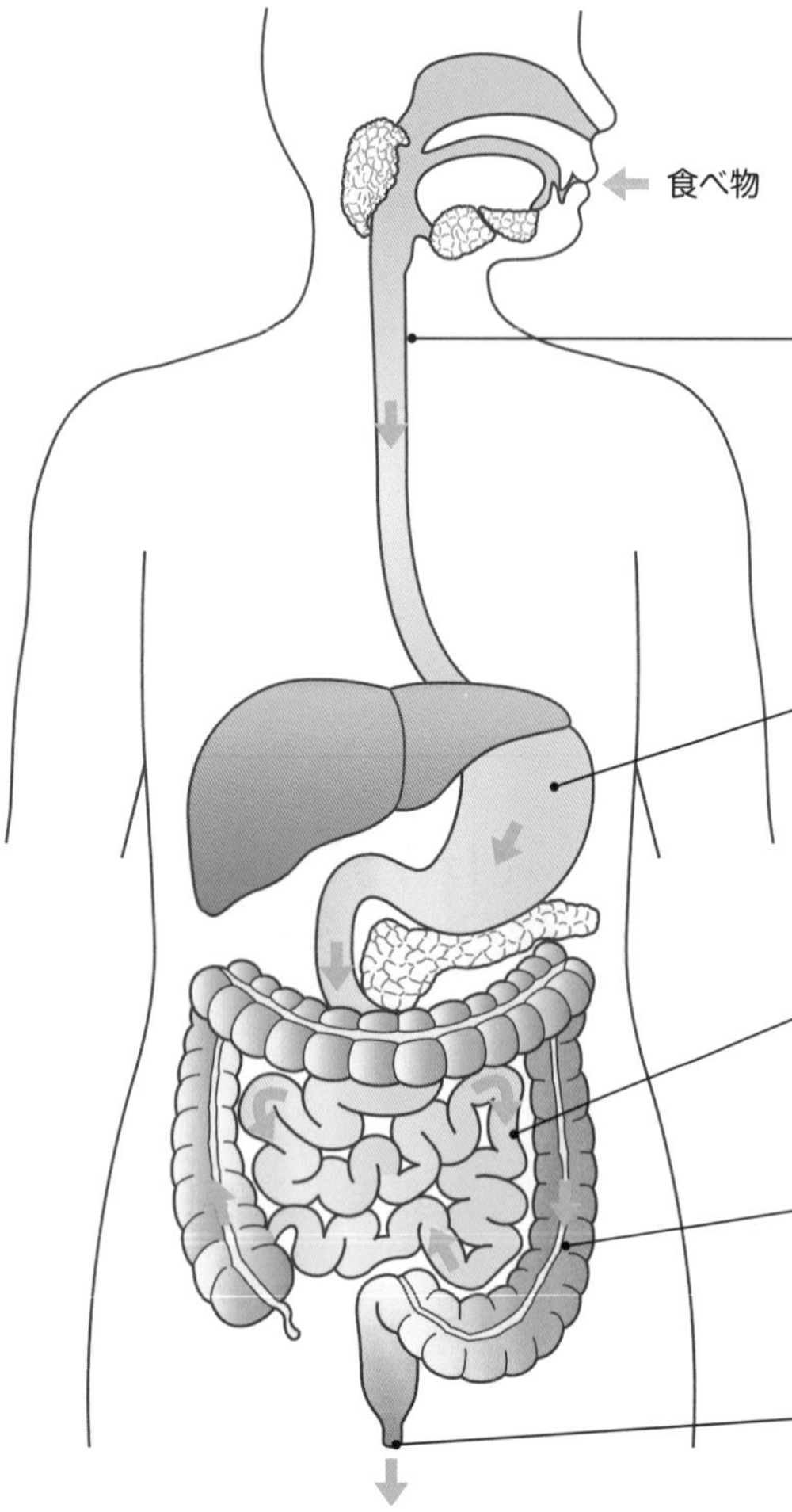

食べ物の通り道

口 …だ液を出す。

↓

①［　　　　］…胃《い》までの食べ物の通り道。

↓

②［　　　　］…胃液《いえき》を出して食べ物を消化《しょうか》する。

↓

③［　　　　］…養分を吸収《きゅうしゅう》する。

↓

④［　　　　］…水を吸収《きゅうしゅう》する。

↓

こう門

2 次の説明に当てはまる言葉を，［　　］から選びましょう。

1つ10点　40点

①口からこう門までの食べ物の通り道。［　　　　］

②食べ物を消化《しょうか》するはたらきをもつ液。［　　　　］

③消化《しょうか》された食べ物の養分をおもに吸収《きゅうしゅう》する臓器《ぞうき》。［　　　　］

④吸収《きゅうしゅう》された養分の一部を一時的にたくわえる臓器《ぞうき》。［　　　　］

消化液《しょうかえき》　消化管《しょうかかん》　胃《い》　小腸《しょうちょう》　大腸《だいちょう》　肝臓《かんぞう》　腎臓《じんぞう》

なるほど！

食べ物を食べた後に胃《い》が出っぱったり，飲み物を飲んで飲み物がのど（食道《しょくどう》）を通ったりするのを感じてみよう。

3 人のからだ②

点数

勉強日　　月　　日

点

答え▶別冊11ページ

1 下の図のようにして，吸《す》う空気とはいた息のちがいを調べました。［　　］に当てはまる言葉を〇で囲みましょう。

1つ20点　60点

実験

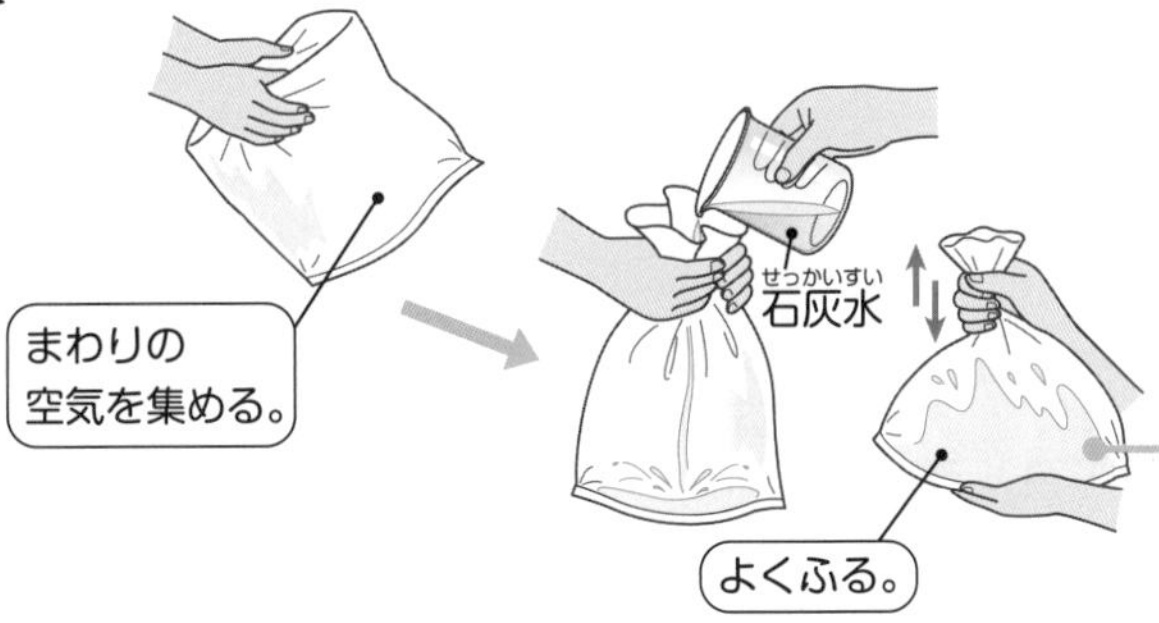

石灰水《せっかいすい》は，

①［ そのまま・白くにごる ］。

石灰水《せっかいすい》は，

②［ そのまま・白くにごる ］。

石灰水《せっかいすい》のようすがちがうね。

はいた息には，吸《す》う空気に比べて，③［ 酸素・二酸化炭素 ］が多いことがわかるね。

2 人の呼吸《こきゅう》について，［　　］に当てはまる言葉を〇で囲みましょう。

1つ10点　40点

- 空気は①［ 食道《しょくどう》・気管《きかん》 ］を通って肺《はい》に送られ，空気中の②［ 酸素・二酸化炭素 ］の一部は，肺《はい》にある血管内の血液にとり入れられ，全身に運ばれる。
- 全身でできた③［ 酸素・二酸化炭素 ］は，血液中にとり入れられ，④［ 肺《はい》・腎臓《じんぞう》 ］まで運ばれて，体外へと出される。

なるほど！

大きく息を吸《す》ったりはいたりして，胸《むね》が上下するようすで，肺《はい》がふくらんだりちぢんだりすることを感じてみよう。

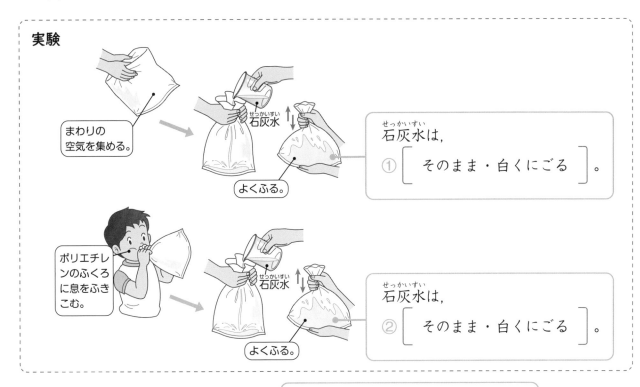

1 下の図は，血液が流れるようすを表したものです。①，②，③，④，⑦，⑨に当てはまる言葉を○で囲みましょう。また，⑤，⑥，⑧，⑩に当てはまる言葉を書きましょう。

1つ10点　100点

①［ 肺《はい》・心臓《しんぞう》 ］で，空気中の酸素を血液中にとり入れて，体内でできた二酸化炭素をからだの外に出すんだね。

血液を送り出すポンプのはたらきをしているのは②［ 肺《はい》・心臓《しんぞう》 ］だね。

■③［ 酸素・二酸化炭素 ］が多い血液。　■④［ 酸素・二酸化炭素 ］が多い血液。

⑤［　　　　］を最も多くふくむ。

⑥［　　　　］を最も多くふくむ。

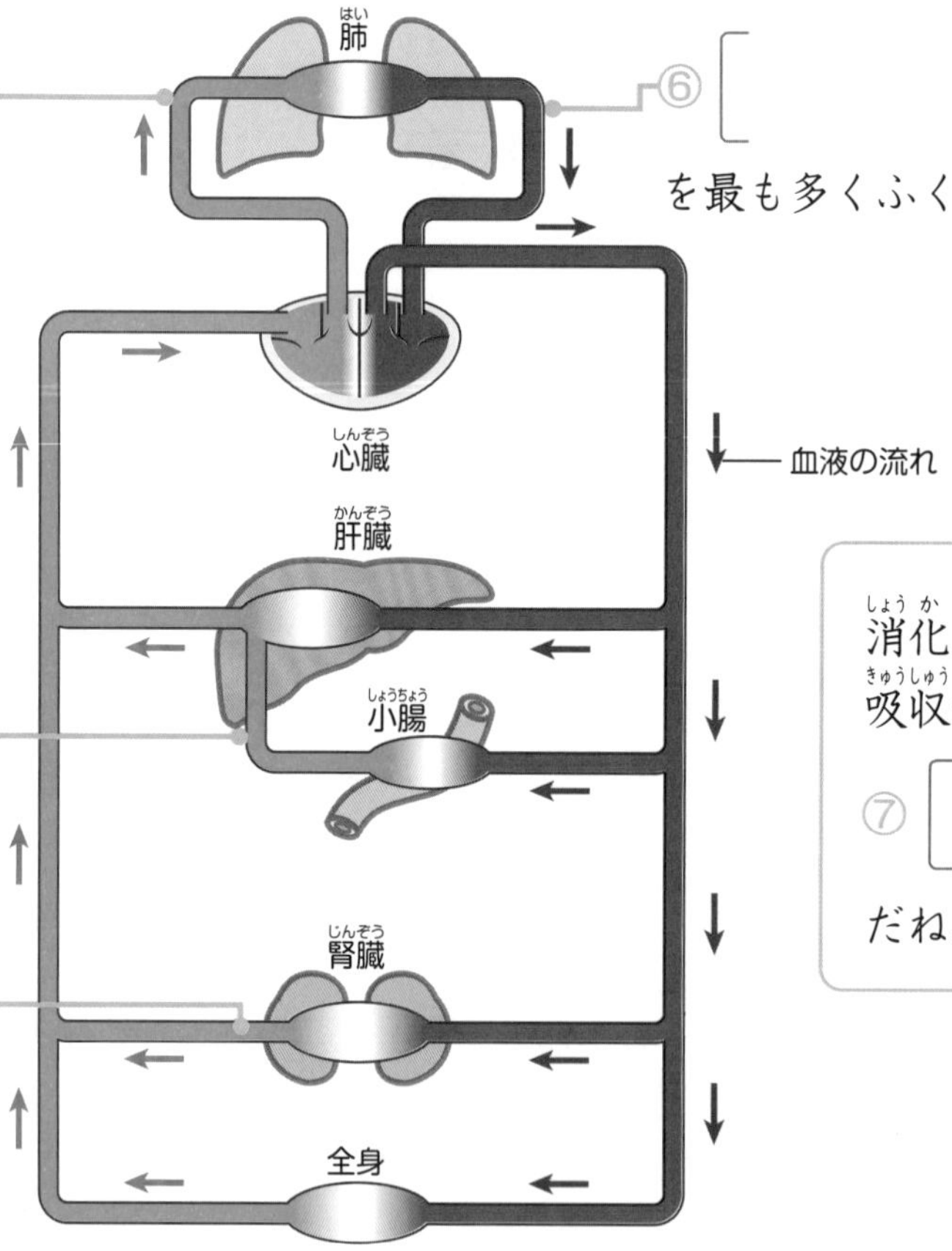

食後，養分が最も⑧［　　　　］。

不要な物が最も⑩［　　　　］。

消化《しょうか》された養分を吸収《きゅうしゅう》するのは⑦［ 小腸《しょうちょう》・大腸《だいちょう》 ］だね。

血液中から不要な物をとり除《のぞ》くのは，⑨［ 小腸《しょうちょう》・腎臓《じんぞう》 ］だね。

なるほど！
自分や家の人，友だちの脈《みゃく》はくをはかってみよう。おとなと子どもで脈《みゃく》はくの数がちがうよ。おとなしくしているときと運動しているときでもちがうよ。

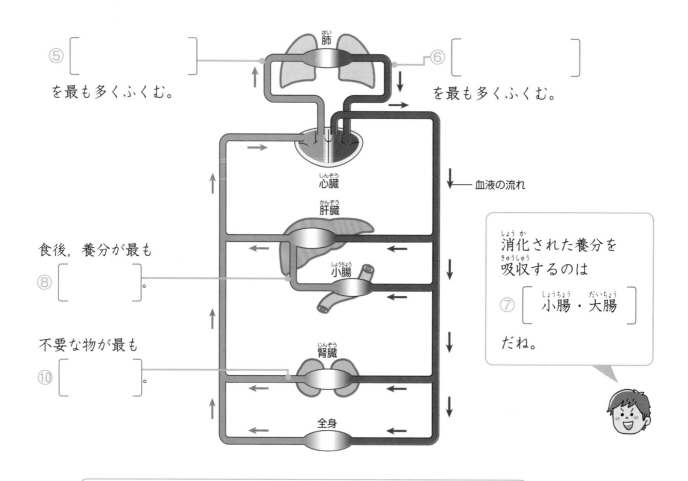

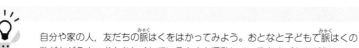

5 植物のつくり

点数

点

勉強日　　月　　日

答え▶別冊12ページ

1 下の図のように，葉のついたホウセンカと，葉をとったホウセンカに，ポリエチレンのふくろをかけました。［　　］に当てはまる言葉を○で囲みましょう。　1つ20点　60点

実験

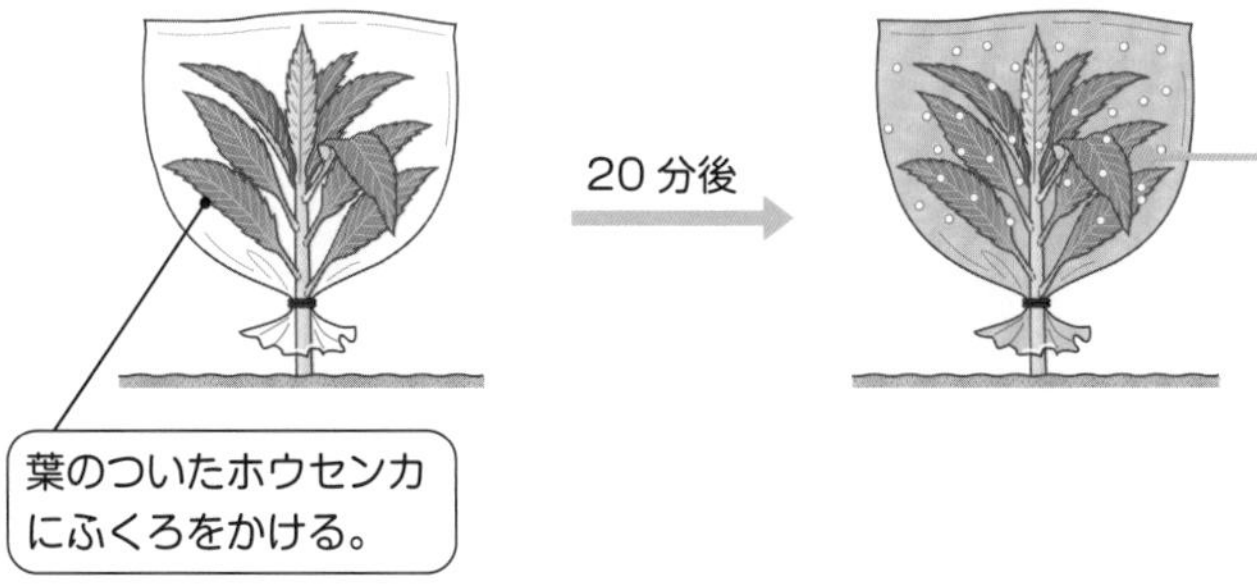

ふくろの内側につく水てきの量は①［ 多い・少ない ］。

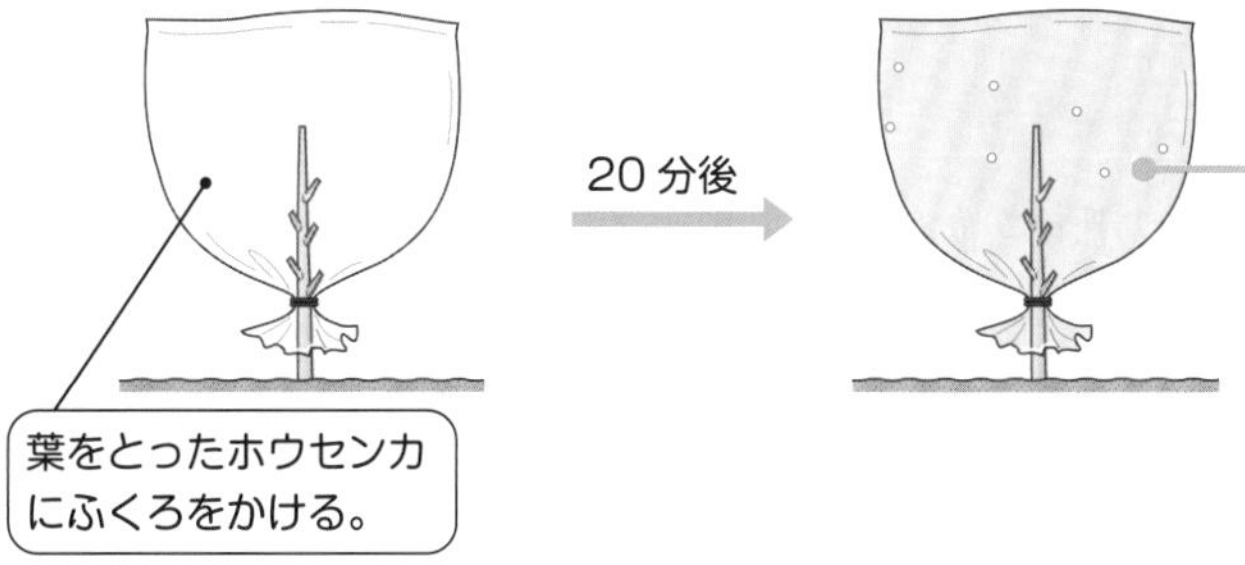

ふくろの内側につく水てきの量は②［ 多い・少ない ］。

ホウセンカから出た水蒸気《すいじょうき》が水てきになるんだよ。

水は水蒸気《すいじょうき》になっておもに③［ 葉・くき ］から植物のからだの外に出ていくんだね。

2 植物のつくりとはたらきについて，［　　］に当てはまる言葉を○で囲みましょう。　1つ8点　40点

- 植物のからだの中の水が水蒸気《すいじょうき》となって出ていくことを①［ 蒸発《じょうはつ》・蒸散《じょうさん》 ］という。
- 植物の葉に日光が当たると，植物は空気中の②［ 酸素・二酸化炭素 ］をとり入れ，③［ 酸素・二酸化炭素 ］を出す。
- 植物の葉に日光が当たると，④［ でんぷん・たんぱく質 ］ができる。④ができたことは⑤［ リトマス紙・ヨウ素液 ］を使って確かめることができる。

なるほど！ 公園や学校に見られるいろいろな植物の葉のつき方を観察してみよう。2枚《まい》ずつ並《なら》んでいたり，たがいちがいについていたりというように，いくつかのパターンに分かれるよ。

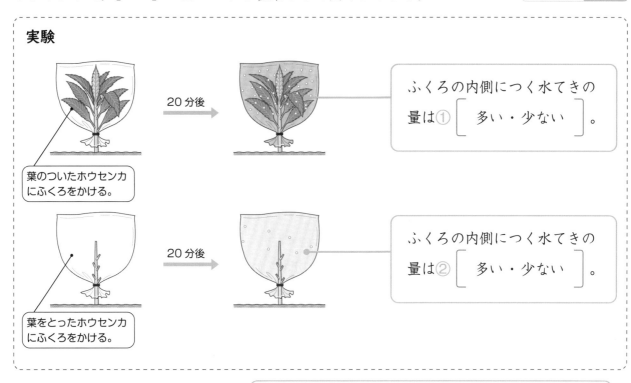

理科

6 生物どうしのつながり

勉強日　　月　　日

点数　　点

答え▼別冊12ページ

1 次の図の水の中の生き物について，下の問題に答えましょう。

1つ30点　60点

㋐ フナ

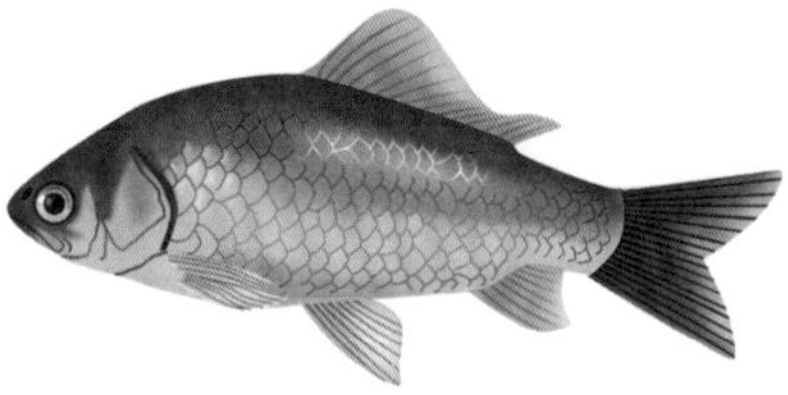

㋑ ミカヅキモ

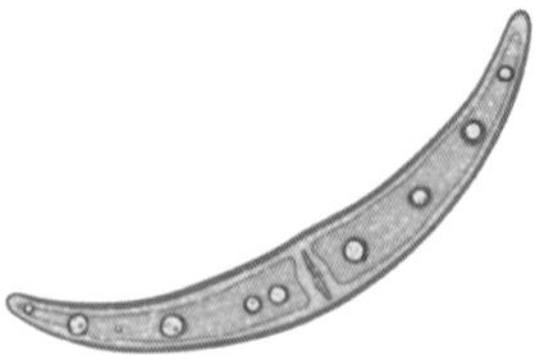

㋒ ミジンコ

㋓ メダカ

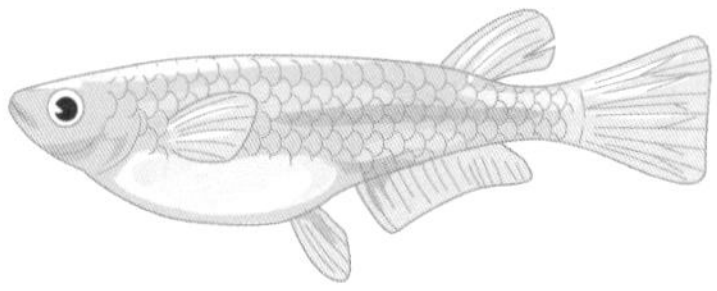

① ㋐～㋓を，「食べられるもの→食べるもの」の順に並《なら》べましょう。

[　　→　　→　　→　　]

②食べられるものと食べるもののつながりを何といいますか。

[　　　　]

2 下の図は，日光が当たっているときの生き物と空気のかかわりを表したものです。[　　] に当てはまる気体の名前を書きましょう。

1つ20点　40点

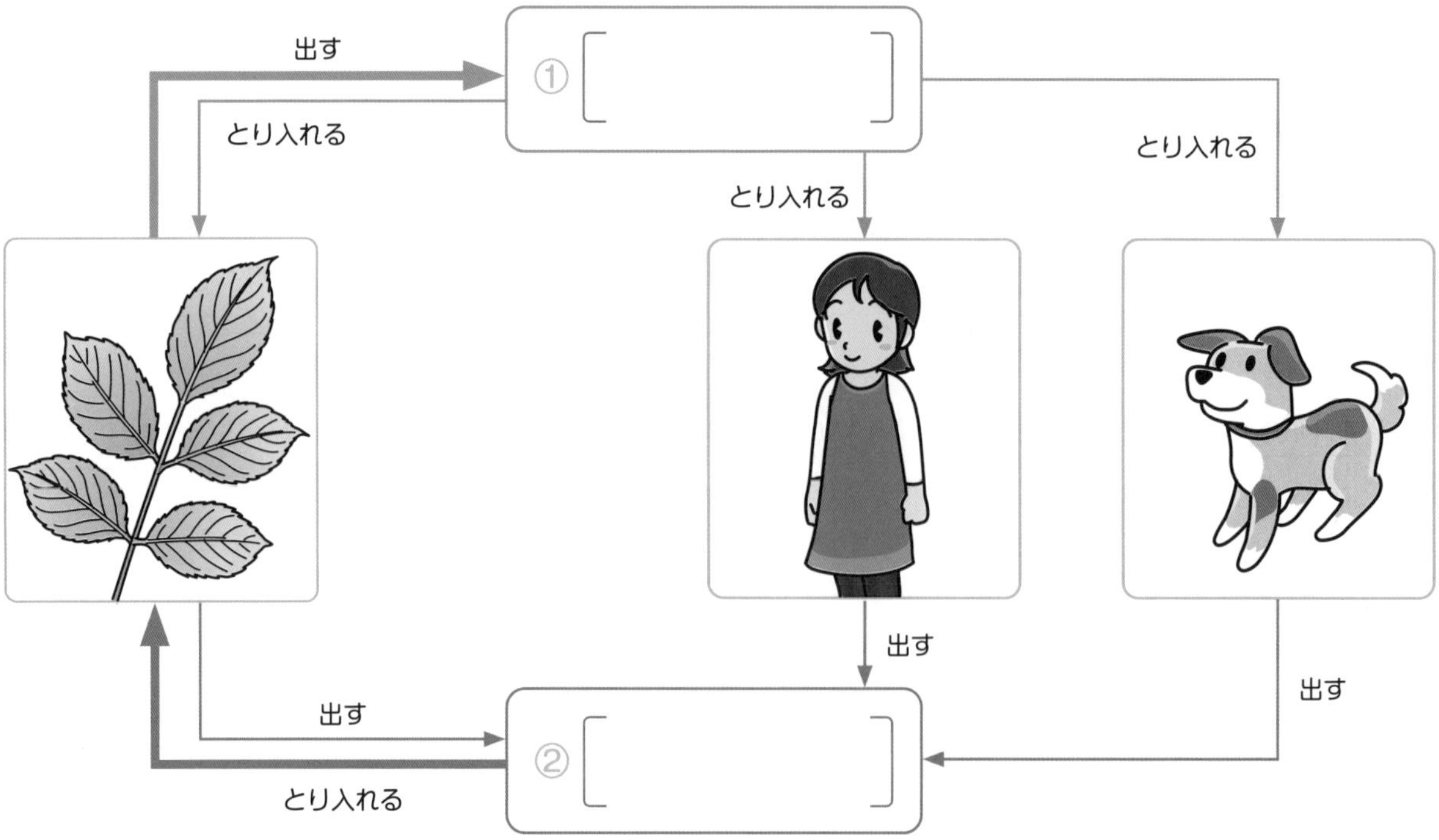

なるほど！

昨日や今日は何を食べたかな？　自分が食べたものがどのような材料でつくられているか考えて，食べ物のもとをたどってみよう。

1 わたしたちのくらしと日本国憲法

点数　　点

勉強日　　月　　日

答え▶別冊13ページ

1 日本国憲法《にほんこくけんぽう》の三つの原則などを表した次の図を見て，問題に答えましょう。

①②④⑥1つ12点，③⑤1つ14点　100点

日《に》本《ほん》国《こく》憲《けん》法《ぽう》

— ● あ …国の政治のあり方を最終的に決める権利《けんり》を，国民が持つこと。

— ● い の尊重《そんちょう》…

個人の尊重《そんちょう》
法の下《もと》の平等

言論《げんろん》や集会の自由

働く人が団結する権利《けんり》

政治に参加する権利《けんり》

裁判《さいばん》を受ける権利《けんり》

— ● 平和主義…二度と う をしない。外国との争いを武力で解決しない。戦力を持たない。

● 三つの原則

— 国民の義務

え を納《おさ》める義務

仕事について お 義務

子どもに か を受けさせる義務

①図のあにあてはまる原則を何といいますか。　［　　　　］

②次の文の［　　］にあてはまる言葉を書きましょう。

図のあの原則にもとづいて，国民は国会《こっかい》議員，地方公共団体の首長・議会の議員を［　　　　］で選ぶことができます。

③日本国憲法《にほんこくけんぽう》は，天皇《てんのう》を，国や国民のまとまりのしるしという意味で，何であると定めていますか。　［　　　　］

④図のいにあてはまる，人が生まれながらに持っている権利《けんり》のことを何といいますか。　［　　　　］

⑤図のうにあてはまる言葉を書きましょう。　［　　　　］

⑥図のえ，お，かにあてはまる言葉を下の［　　］の中からそれぞれ選んで書きましょう。

え［　　　　］　お［　　　　］　か［　　　　］

働く　　教育　　税金

なるほど！

日本国憲法《にほんこくけんぽう》のない世界を想像してみよう。政治の主役が国民ではなくなり，学校で好きな勉強ができず，好きな仕事で働くこともできないかもしれない。日本国憲法《にほんこくけんぽう》の大切さが，よくわかるね。

社会 2

国の政治のしくみと選挙

点数

勉強日　月　日

点

答え▶別冊13ページ

1 次の図を見て，問題に答えましょう。　①③④⑤1つ14点，②1つ10点　100点

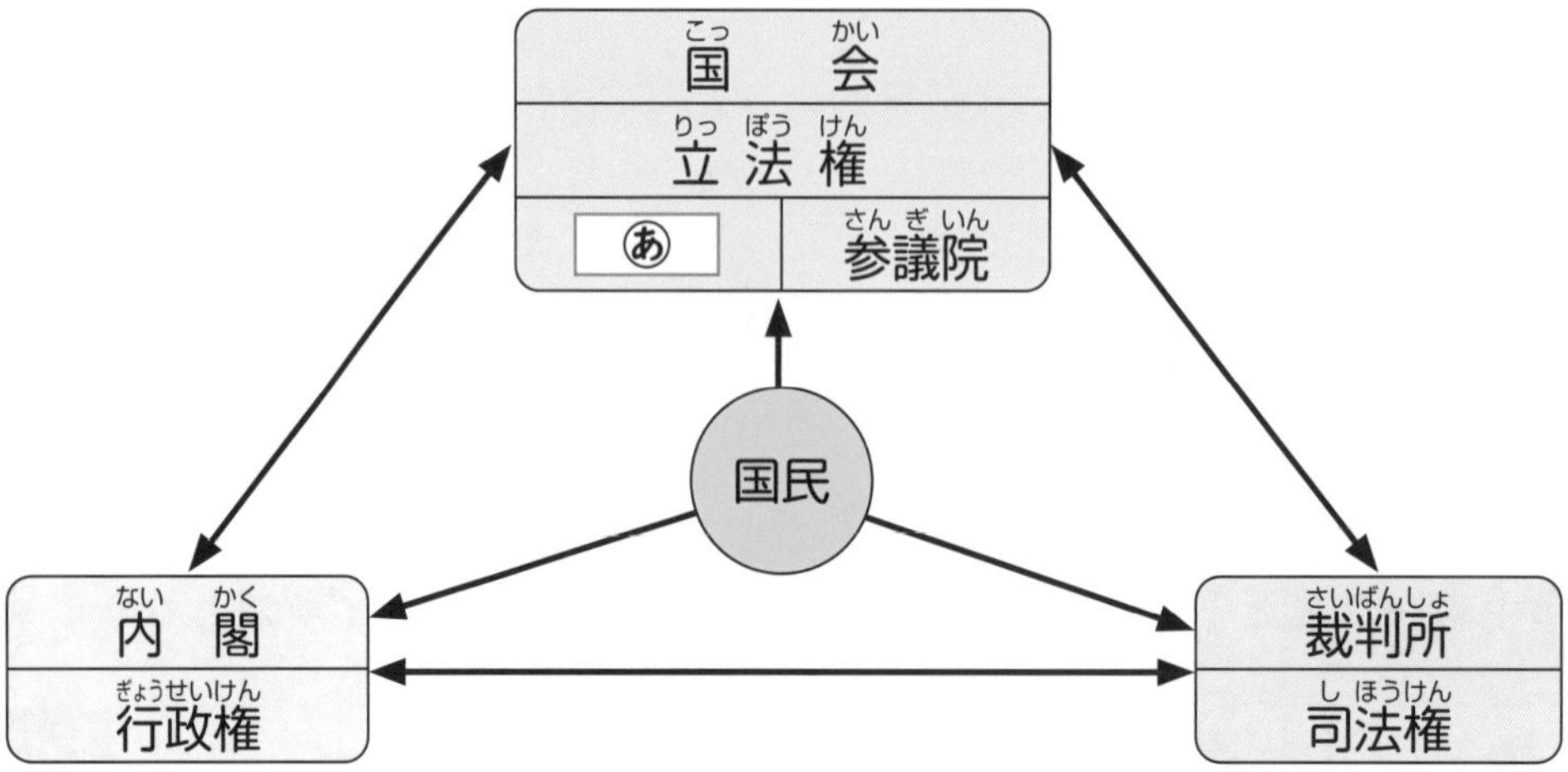

①国会《こっかい》について，次の㋐・㋑に答えましょう。

㋐　図のあにあてはまる，国会《こっかい》を構成するもう１つの議院を何といいますか。

〔　　　　　〕

㋑　国会《こっかい》の仕事を次の**ア**～**エ**から選び，記号を書きましょう。　〔　　〕

ア　外国と条約を結ぶ。　　**イ**　予算にもとづいて政治を行う。

ウ　法律《ほうりつ》を制定する。　　**エ**　国事行為《こくじこうい》を行う。

②内閣《ないかく》について，次の省とその仕事を――で結びましょう。

㋐　文部科学省《もんぶかがくしょう》・　　・**ア**　自衛隊を管理・運営する仕事

㋑　厚生労働省《こうせいろうどうしょう》・　　・**イ**　教育・科学・文化・スポーツなどに関する仕事

㋒　防《ぼう》衛《えい》省《しょう》・　　・**ウ**　国民の健康や労働などに関する仕事

③裁判所《さいばんしょ》では，くじで選ばれた国民が裁判官《さいばんかん》とともに，うったえられた人が有罪か無罪かを決め，有罪の場合の刑《けい》の内容を決める裁判《さいばん》が行われます。この制度を何といいますか。

〔　　　　　〕

④国民は，選挙で国会《こっかい》議員を選びます。国会《こっかい》議員を選ぶ選挙で投票することができるのは，何才以上の国民ですか。数字を書きましょう。

〔　　　才以上〕

⑤図のように，国の重要な役割《やくわり》を，国会《こっかい》，内閣《ないかく》，裁判所《さいばんしょ》で分担《ぶんたん》するしくみを何といいますか。

〔　　　　　〕

なるほど！

あなたが18才になったら，国会《こっかい》議員や都道府県知事・市（区）町村長・地方の議会の議員の選挙で投票できるようになるよ。選挙の時，立候補《りっこうほ》した人がうったえていることを調べて，だれに投票するか考えてみよう。

3 子育て支援の願いを実現する政治 震災復興の願いを実現する政治

勉強日　　月　　日

点数　　点

答え▼別冊13ページ

1 市の子育て支援《しえん》センターができるまでの流れを表した次の図を見て，問題に答えましょう。

①1つ16点，②18点　50点

①図中の㋐・㋑にあてはまるものを，次の**ア**～**ウ**からそれぞれ選び，記号を書きましょう。

ア　賛成や反対の議決をする。

イ　子育て支援《しえん》センターの建設案を提出する。

ウ　市民の意見をとり入れる。

㋐［　　］　㋑［　　］

②子育て支援《しえん》センターの建設にかかる費用の多くは，国民が納《おさ》めるお金でまかなわれています。このお金のことを何といいますか。

［　　　　］

2 次の問題に答えましょう。

①②1つ16点，③18点　50点

①2011年3月11日に発生した大きな地震《じしん》により，岩手県《いわてけん》，宮城県《みやぎけん》，福島県《ふくしまけん》，茨城県《いばらきけん》などの広いはん囲に被害《ひがい》が出た災害を何といいますか。

［　　　　］

②右の図のⓐにあてはまる，被災地《ひさいち》に出動し，救出や救命の活動などにあたる国の組織は何ですか。

［　　　　］

③災害が発生したとき，被災地《ひさいち》では，たき出しなどの支援《しえん》活動にあたる人々のはたらきが重要になります。このような人々を何といいますか。図の中から言葉を選んで書きましょう。

［　　　　］

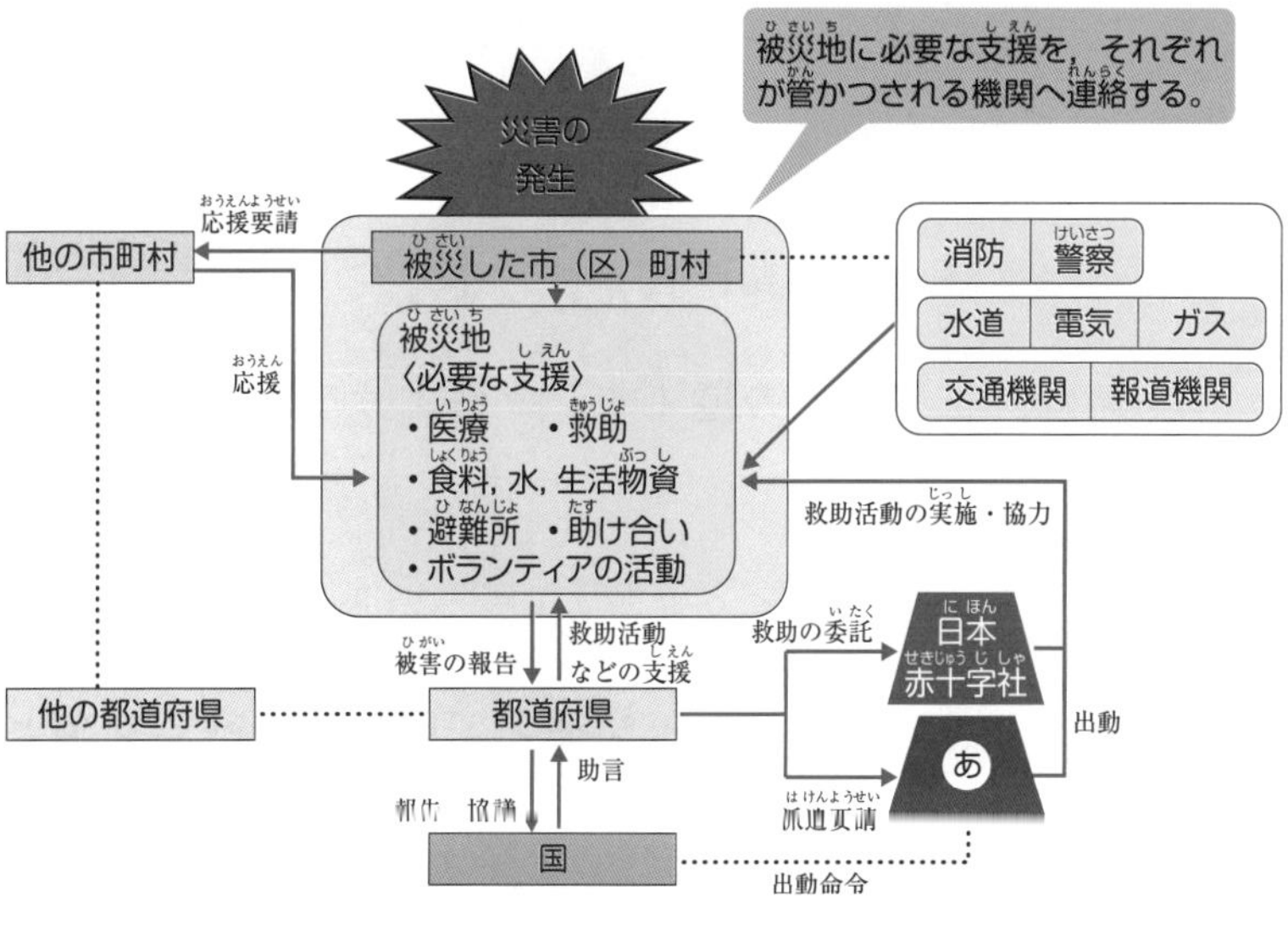

なるほど！

日本は，地震《じしん》や火山の噴火《ふんか》，大雨による土砂《どしゃ》くずれや川のはんらんなど，自然災害が多い。あなたの住む地域《ちいき》や近くの都道府県で，大きな災害が発生した地《ち》域《いき》はあるかな？　どんな支援《しえん》が寄せられたか，調べてみよう。

縄文のむらから古墳のくにへ

点数　　　点

答え▼別冊14ページ

勉強日　　　月　　　日

1 次の絵を見て，問題に答えましょう。　1つ10点　70点

縄文《じょうもん》時代のむら

弥生《やよい》時代のむら

①図中のあの人々のすまいを何といいますか。［　　　　］

②縄文《じょうもん》時代のむらで使われた，縄目の文様のある土器を何といいますか。［　　　　］

③縄文《じょうもん》時代のむらのごみ捨《す》て場は，現在，遺《い》せきとして見つかっています。この遺《い》せきを何といいますか。［　　　　］

④弥生《やよい》時代のむらで使われた，うすくてかたい土器を何といいますか。［　　　　］

⑤中国《ちゅうごく》や朝鮮《ちょうせん》半島から移り住んだ人々によって伝えられ，弥生《やよい》時代に広く行われるようになった農業は何ですか。［　　　　］

⑥弥生《やよい》時代のむらで使われた道具を，次の**ア**～**エ**から２つ選び，記号を書きましょう。［　　］［　　］

ア

イ

ウ

エ

2 右の絵を見て，問題に答えましょう。　1つ15点　30点

①絵は，王や豪族《ごうぞく》の墓です。このような墓を何といいますか。［　　　　］

②絵の墓が日本の各地につくられていたころ，現在の奈良県《ならけん》を中心に，各地の豪族《ごうぞく》や王を従《したが》えていた国の政府を何といいますか。［　　　　］

なるほど！

古い時代の遺《い》せきからは，石器や土器，青銅器，鉄器などの道具，建物のあと，人の骨《ほね》などが見つかることがあるよ。あなたの住む地域《ちいき》の遺《い》せきからはどんなものが見つかっているか，郷土《きょうど》資料館などで調べてみよう。

5 天皇中心の国づくり

点数　　点

勉強日　　月　　日

答え▼別冊14ページ

1 歴史上の人物たちが話しています。次の問題に答えましょう。

①④⑤1つ10点，②③1つ15点　100点

あ 

わたしは，天皇《てんのう》を助けながら，㋐新しい政治のしくみをつくりました。また，仏《ぶっ》教《きょう》をさかんにしようとして法隆寺《ほうりゅうじ》を建てました。

い 

わたしは，中臣鎌足《なかとみのかまたり》と協力して㋑蘇我氏《そがし》をたおし，天皇《てんのう》を中心とする国づくりを始めました。わたしのあとの時代に，国を治める㋒律令《りつりょう》という法律《ほうりつ》が整えられました。

う 

わたしは，災害や戦乱《せんらん》が続いていたので，仏教《ぶっきょう》の力で国を守り，人々の不安をしずめようとして，全国に国分寺《こくぶんじ》を，㋓奈良《なら》の都には東大寺《とうだいじ》を建てさせました。

①あ～うの人物の名前を下の[　　]の中からそれぞれ選んで書きましょう。

あ[　　　　]　い[　　　　]　う[　　　　]

聖徳太子《しょうとくたいし》　聖武天皇《しょうむてんのう》　中大兄皇子《なかのおおえのおうじ》

②下線部㋐について，あの人物が定めた右のきまりを何といいますか。

[　　　　]

第１条　和を大切にして，人といさかいをしないようにしなさい。
第２条　あつく仏教《ぶっきょう》を信仰《しんこう》しなさい。
第３条　天皇《てんのう》の命令を受けたら，必ず従《したが》いなさい。
（一部）

③下線部㋑のできごとを何といいますか。

[　　　　]

④下線部㋒にもとづいて，人々が納《おさ》めた次の税を何といいますか。右の[　　]の中からそれぞれ選んで書きましょう。

A 収《しゅう》かくした稲《いね》の約３％　[　　　　]

B 都で働く代わりの布　[　　　　]

C 織物や地方の特産物　[　　　　]

調《ちょう》　租《そ》　庸《よう》

⑤下線部㋓の都を何といいますか。　[　　　　]

なるほど！

今からおよそ1300年前につくられた律令《りつりょう》という法律《ほうりつ》では，全国を今の都道府県にあたる「国」に分けていたんだ。あなたの住む都道府県は何という「国」だったかな。史料集《しりょうしゅう》などで調べてみよう。

社会

6 貴族のくらし

勉強日　月　日

点数　点

答え▶別冊14ページ

1 次の問題に答えましょう。

1つ25点　100点

①次の歌をよんだ人物はだれですか。下の［　　］の中から選んで書きましょう。

この世をば
わが世とぞ思ふ《う》もち月の
かけたることも
なしと思へ《え》ば

（この世はわたしの世界のようなもので、満月が欠けていないように、自分にないものはない。）

［　　　　　　］

中臣鎌足《なかとみのかまたり》　藤原道長《ふじわらのみちなが》　中大兄皇子《なかのおおえのおうじ》　小野妹子《おののいもこ》

②次の絵は，①の人物のような貴族《きぞく》がくらした家です。このような家のつくりを何といいますか。

［　　　　　　］

③　②のような家にくらした貴族《きぞく》の女の人の服装《ふくそう》（正装《せいそう》）は，次の**ア**～**ウ**のどれですか。記号を書きましょう。

［　　］

ア

イ

ウ

④『源氏物語《げんじものがたり》』を書いた紫式部《むらさきしきぶ》や『枕草子《まくらのそうし》』を書いた清少納言《せいしょうなごん》は，次の図のように，漢字から生まれた文字を使いました。このような文字を何といいますか。

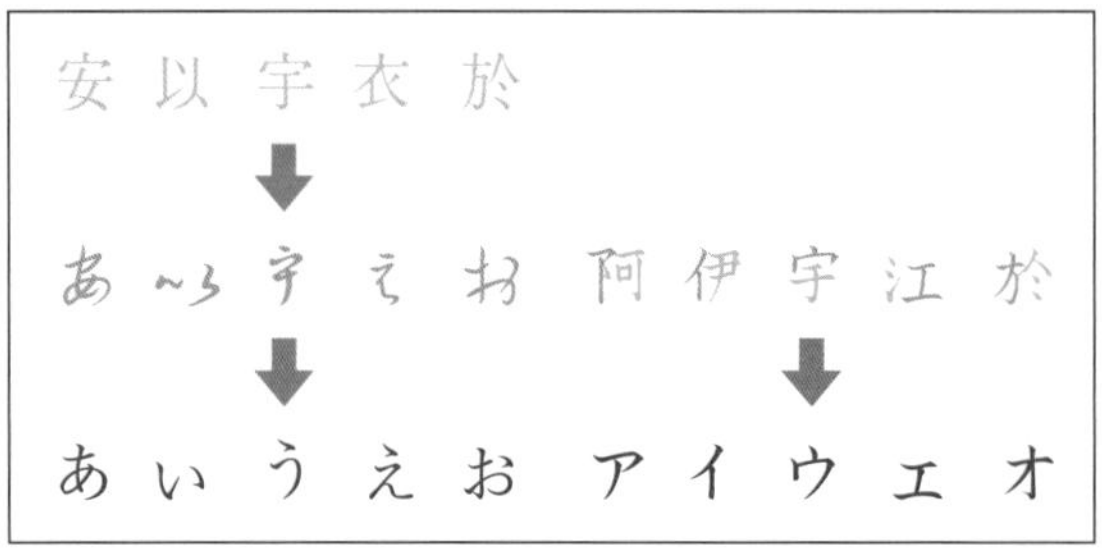

［　　　　　　］

なるほど！

平安《へいあん》時代に始まったとされる年中行事《ねんちゅうぎょうじ》がいろいろあるよ。たとえば，3月3日の桃《もも》の節句《せっく》のひな人形は，平安《へいあん》時代の貴族《きぞく》の女の子の人形遊びから始まったらしい。ほかにはどんなものがあるかな。

1 道案内

点数

点

答え▼別冊15ページ

勉強日　　月　　日

1 日本語の意味を表す英語を線で結びましょう。音声も聞きましょう。

1つ5点　15点

銀行　•	• bank
警察署《けいさつしょ》　•	• restaurant
レストラン　•	• police station

2 日本文に合う英文になるように，＿＿＿に入る英語を右の［　］から選んで書きましょう。音声も聞きましょう。

1つ10点　40点

left
straight
right
Where

① 郵便局《ゆうびんきょく》はどこですか。

＿＿＿＿ is the post office?

② 1区画まっすぐ行ってください。

Go ＿＿＿＿ for one block.

③ 3番目の角を右に曲がってください。

Turn ＿＿＿＿ at the third corner.

④ 左側にそれが見えますよ。

You can see it on your ＿＿＿＿.

3 地図を見て，★の場所から図書館までの行き方を説明するとき，ア～ウの3つの英文を正しい順序に並《なら》べかえましょう。音声も聞きましょう。

全部で　45点

ア　Turn left at the second corner.
イ　Go straight.
ウ　You can see it on your right.

(　　) → (　　) → (　　)

なるほど！
「パン屋さんのところを右に曲がってください」のように，建物を目印にして言うときは，Turn right at the bakery. のように言うよ。

英語

2 自己しょうかい① 好きなもの，ほしいものなどの言い方

勉強日　　月　　日

点数　　　点

答え▼別冊15ページ

1 日本文に合う英文になるように，______ に入る英語を下の [ ] から選んで書きましょう。音声も聞きましょう。

1つ5点　30点

① こんにちは，ぼくはマークです。　Hello, ______ Mark.

② ぼくはネコを２ひき飼っています。　I ______ two cats.

③ ぼくはサッカーが好きです。　I ______ ______.

④ ぼくはときどきそれをします。　I sometimes ______ it.

⑤ ぼくはサッカーボールがほしいです。　I ______ a soccer ball.

want　have　I'm　like　play　soccer

2 日本文に合う英文になるように，[　] 内から適する英語を選んで○で囲みましょう。音声も聞きましょう。

1つ5点　20点

① 私《わたし》は青いぼうしがほしいです。　I [have / want] a [blue / red] cap.

② 私《わたし》は CD を 15 枚《まい》持っています。　I [like / have] fifteen CDs.

③ 私《わたし》は英語を話したいです。　I [want to / want] speak English.

3 リエさんの自《じ》己《こ》しょうかい〈メモ〉の内容に合うように，______ に入る英語を書きましょう。音声も聞きましょう。

1つ10点　50点

Hello, I'm Rie.

① I like ______.

② I ______ three ______.

③ I ______ a ______.

〈メモ〉　名前：リエ
①好きな色：黄色
②持っているもの：本３冊《さつ》
③ほしいもの：かばん

なるほど！

haveには「～を持っている」のほかに「～を飼っている」や「～を食べる」という意味があるよ。
例 I have a cat.（私《わたし》はネコを１ぴき飼っています。）

自己しょうかい②　できること，したいことなどの言い方

勉強日　　月　　日

点数　　点

答え▶別冊16ページ

1 テッドの自己《じこ》しょうかい文の内容に合うように，______に入る英語を書きましょう。音声も聞きましょう。

1つ15点　60点

こんにちは，みなさん。ぼくはテッドです。
ぼくの誕生日《たんじょうび》は9月 10日です。
ぼくはピアノをひくことができます。
ぼくは沖縄《おきなわ》に行きたいです。

Hi, everyone. I'm Ted.

① My birthday is ______ 10th.

② I can ______ the piano.

③ I ______ to ______ to Okinawa.

2 日本文の意味を表す英文になるように，(　) 内の英語を正しい順序に並《なら》べかえて書きましょう。音声も聞きましょう。

1つ20点　40点

① ぼくは速く走ることができます。

(can / I / run) fast.

______ fast.

② 私《わたし》はピザを食べたいです。

I (eat / to / want) pizza.

I ______ pizza.

なるほど！

canは「～することができる」という意味だよ。反対に，「～することができない」と言うときは，cannotやcan'tを使うよ。
例 I cannot[can't] swim.（私《わたし》は泳ぐことができません。）

英語

4 日本のしょうかい

勉強日　　月　　日

点数　　点

答え▼別冊16ページ

1 日本をしょうかいする英文をなぞって書きましょう。音声も聞きましょう。

1つ10点 30点

① 5月にはこどもの日があります。

We have Children's Day in May.

② あなたは歌舞伎《かぶき》を楽しむことができます。

You can enjoy Kabuki.

③ さっぽろ雪まつりを見ることができます。

You can see Sapporo Snow Festival.

2 ①と②は表の＿＿に月の名前を英語で書きましょう。③と④は，表の中のイラストを参考にして，英文をそれぞれ1つ作りましょう。音声も聞きましょう。

①②1つ15点，③④1つ20点 70点

日本の行事と，行われる月	 3月 Hinamatsuri in ① ＿＿＿	 7月 Tanabata in ② ＿＿＿
③日本でできること	 eat sushi	 visit Kyoto
④日本で見られるもの	 TOKYO SKYTREE	 Mt. Fuji

③ You can ＿＿＿＿＿＿＿＿.

④ You can ＿＿＿＿＿＿＿＿.

なるほど！

「歌舞伎《かぶき》」「すし」などは，英語でもそのままKabuki, sushiと言うよ。日本で生まれた文化や食べもので，そのまま英語になっている言葉はたくさんあるよ。

24 二学期の先取り

勉強日　　月　　日

点数　　点

答え▶別冊17ページ

1

熟語《じゅくご》の成り立ちについての説明を読んで、あとの問題に答えましょう。　1つ5点　30点

●漢字二字の熟語《じゅくご》の成り立ち●

ア　意味が対《つい》になる漢字の組み合わせ。
〈例〉明暗

イ　似た意味の漢字の組み合わせ。
〈例〉豊富

ウ　上の漢字が下の漢字を修飾《しゅうしょく》する関係にある組み合わせ。
〈例〉最良（最も良い）

エ　「――を」「――に」に当たる意味の漢字が下に来る組み合わせ。
〈例〉登山（山に登る）

① 次の熟語《じゅくご》は、右の説明のア～エのどの組み合わせですか。記号で答えましょう。

ⓐ 読書 □　ⓑ 価値《かち》 □

ⓒ 清流 □　ⓓ 縦横《じゅうおう》 □

② 次の熟語《じゅくご》のうち、他と成り立ちがちがうのはどれですか。一つ選んで、記号で答えましょう。

ⓐ ア 善悪《ぜんあく》　イ 永久　ウ 高低　エ 苦楽《くらく》 □

ⓑ ア 開会　イ 作文　ウ 帰国　エ 急増 □

2

次の漢字三字の熟語《じゅくご》の成り立ちの説明に合うものをあとの□から選んで、記号で答えましょう。　1つ5点　30点

① 血液型 □　② 衣食住 □

③ 無期限 □　④ 具体的 □

⑤ 朝昼晩《あさひるばん》 □　⑥ 再出発 □

ア　二字の語の頭に一字を付け加えている。
イ　二字の語のあとに一字を付け加えている。
ウ　一字の語が集まっている。

3

次の漢字四字以上の熟語《じゅくご》を、例にならって、意味の上から二つに分けましょう。　1つ10点　40点

〈例〉安全地帯 → 安全＋地帯

① 合格発表 □

② 飲食店街 □

③ 大会新記録 □

④ 留守番電話 □

なるほど！

「熟《じゅく》」の部首は「灬（れっか・れんが）」だよ。これは「火」をもとにしてできた部首で、火や熱に関係する意味を持つよ。

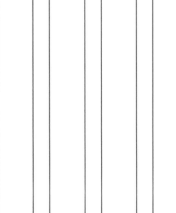

一学期のまとめ

点数　　点

勉強日　　月　　日

答え▼別冊17ページ

1 次の文章を読んで、問題に答えましょう。

秋の野原を歩くと、服にたくさんの草の種子がくっついてくる。くっついた様子が虫のようなので、これらの種子は、俗《ぞく》に「くっつき虫」とか「ひっつき虫」とⓐヨばれている。

その代表格は、オナモミだろう。オナモミの実はトゲがあって、衣服に引っかかる。子どもたちは、友だちと実を投げあって遊んだりする、なじみのある雑草である。この実を見たことがあっても、この実を開いて中を見たことがある人は少ないかも知れない。

この実の中には、やや長い種子とやや短い種子の二つの種子が入っている。長い方はすぐに芽を出すせっかちな種子で、短い方はなかなか芽を出さないのんびり屋の種子である。「善《ぜん》は□」というように物事は早くした方が良いという諺《ことわざ》と、「急《せ》いては事を仕損じる」と物事は急がずにゆっくりした方が良いという相反した諺《ことわざ》がある。早く芽を出した方が良いのか、遅《おそ》く芽を出した方が良いのかは、状況《じょうきょう》によってⓑコトなる。そのため、オナモミは、どちらかが生き残るように二種類の種子を用意しているのである。

（稲垣栄洋《いながきひでひろ》『雑草はなぜそこに生えているのか』より）

① ⓐ・ⓑを漢字で書きましょう。　1つ10点　20点

ⓐ □　ⓑ □

② 「善《ぜん》は□」は、あとの「急《せ》いては事を仕損じる」の反対の意味のことわざです。□に当てはまる言葉を答えましょう。　20点

善《ぜん》は □

③ 服にくっつく草の種子が「くっつき虫」とか「ひっつき虫」とよばれているのは、なぜですか。　20点

④ オナモミの種子を、人間に使うような言葉で表現している部分を、四字と五字でぬき出しましょう。　1つ10点　20点

⑤ オナモミが、二種類の種子を用意しているのは、なぜですか。□に入る言葉をそれぞれの字数でぬき出しましょう。　1つ10点　20点

それぞれの種子が、ことなる時期に □□□□ ことで、どんな状況《じょうきょう》でも、□□□□ ことができるようにするため。

なるほど！

「麦秋《ばくしゅう》」という言葉があるよ。「秋」の字が使われているけれど、実った麦をかりとる季節である初夏のことをいい、俳句《はいく》の季語にもなっているよ。

物語の読み取り⑤

～物語を読もう～

勉強日　　月　　日

点数　　　点

答え▶別冊17ページ

1 次の文章を読んで、問題に答えましょう。

1つ20点　100点

佑《たすく》は、認知症《にんちしょう》の症状《しょうじょう》が現れ始めた祖父から、死んだ祖母・和子《かずこ》と仕事帰りに喫茶店《きっさてん》で待ち合わせた若《わか》いころの思い出話を聞いている。

「そして、わしはコーヒー」

「え？　おじいちゃん、コーヒーなんか飲んでたの？」

コーヒーは苦くて嫌《きら》いなはずの祖父がと、佑《たすく》はきき返したが、

「喫茶店《きっさてん》ではコーヒーだろう」

祖父は当然と言わんばかりの顔をした。少しだけ胸《むね》も張っている。当時はそれがかっこよかったのかもしれない。でもきっと、無理をして飲んでいたのだろう。

笑いをかみ殺して、佑《たすく》はレコードに耳を傾《かたむ》ける。古いというよりも、せつないような、ちょっと寂《さび》しく感じる曲だ。きき入っていると、

「ところで、和子《かずこ》さんはまだだろうか」

突然《とつぜん》祖父が言った。

またあ。

口から言葉が出かけたが、佑《たすく》はそれを呑《の》み込《こ》んだ。祖父の目が遠くを見ていたのがわかったからだ。やわらかな祖父の目に見えているのは、きっと、あの場所だと思った。流行歌が流れる、薄暗《うすぐら》い喫茶店《きっさてん》。

なにかをいつくしむような祖父の顔を見ながら、佑《たすく》も同じ喫茶店《きっさてん》の席にいるような気がしてきた。行ったこともないくせに、なんだか少し懐《なつ》かしい。ちょっと離《はな》れたところに自分もいて、祖父の姿《すがた》を見ているみたいな気持ちになった。祖母が来るのを待ちながら、苦いコーヒーを無理して飲んでいる祖父。少し落ち着かないように、髪《かみ》を直したり、ネクタイを締《し》め直《なお》したりする若《わか》い祖父。

佑《たすく》は、ゆっくりと時間の旅をしているみたいな気になった。祖父と一緒《いっしょ》に。

「和子《かずこ》さん、もうすぐ来るんじゃない？」

思ってもみなかった答えが、自然と口からこぼれでた。

（まはら三桃《みと》『奮闘《ふんとう》するたすく』より）

① 「コーヒーは苦くて嫌《きら》いなはずの祖父」とありますが、コーヒーを飲んでいた祖父を、佑《たすく》はどのように想像していますか。□に入る言葉をぬき出しましょう。

それが　　　　からかもしれないが、

きっと　　　　をして飲んでいたのだろう。

② 「なにかをいつくしむような祖父の顔」と同じような表情を表している言葉を、九字でぬき出しましょう。

③ 「祖父の姿《すがた》」を具体的にえがいている二文を探《さが》し、初めの五字をぬき出しましょう。

④ 「自然と口からこぼれでた」とありますが、このとき佑《たすく》はどんな様子ですか。一つ選び、記号で答えましょう。

ア 祖父を喜ばすために必死になっている様子。

イ 祖父の思い出に自分もひたっている様子。

ウ 集中力が切れて上の空になっている様子。

なるほど！

「祖」の部首は「礻（しめすへん）」。「示」がもとの形だよ。形が似ている「衤（ころもへん）」とまちがえないようにしよう。

作文②

〜構成を考えて作文を書こう〜

Webおかわりもんだい 国語⑥をみてね

勉強日　　月　　日

点数　　点

答え▶別冊18ページ

1 次の作文を読んで、問題に答えましょう。

1つ20点【100点】

　私《わたし》たちは毎日の生活で、食べきれずに残してしまったり、消費期限のうちに使い切れなかったりして食べものを捨《す》ててしまってはいないだろうか。私《わたし》の家はもちろん、クラスの友達もこのような経験をしていた。調べてみると、一人一人が捨《す》てたものが大量の「食品ロス」になり、地球資源《しげん》のむだづかいにつながっていることがわかった。日本でもたくさんの食べものが食べることなく捨《す》てられていて、その量は、一人当たり毎日茶わん一ぱい分のご飯にあたるという。そんな状況《じょうきょう》を改善《かいぜん》するために、私《わたし》たちにできることとしてどんなことが考えられるだろうか。

　私《わたし》は、家庭の食品ロスを減らすことを目指すのがよいと思う。なぜなら、日本の食品ロス量の約半分が家庭で発生しているといわれているからだ。すなわち、各家庭が少しでも食品ロスを減らせば、日本全体ではかなりの量の食品ロスが減らせるはずなのだ。また、家庭で行うことであれば、食べ残しをしない、食材の買い方のくふうについて話し合うなど、自分が関われることもあると思うからである。家族で協力して食品ロスを減らすのであれば、自分もその一員として関われるのである。

　食べものを捨《す》てるのはもったいないことである。だが、それだけでなく、捨《す》てられた食品をしょうきゃくするには、それだけ余分なエネルギーがかかり、地球の負担《ふたん》になるのだそうだ。そういう点からも、私《わたし》たちは「食品ロス」を減らすように努めるべきなのである。

① この作文は、どんなことについての考えを述べていますか。

［　　　　　　　　］

② この作文は、次の〈構成メモ〉をもとにして書かれました。□A〜Dに当てはまる内容を一つずつ選んで、記号で答えましょう。

〈構成メモ〉

- 初め
  - ・自分たちの経験
  - ←・A
- 中
  - ・B ←
  - ・C ←
  - ・D ←
- 終わり
  - ・まとめの意見

ア　意見・考えの表明
イ　テーマの提示
ウ　理由の説明
エ　調べてわかったこと

A □

B □

C □

D □

なるほど！

作文を書き終えたら、必ず読み返して、意味がおかしいところはないか、誤字《ごじ》はないかなどを確かめよう。

言葉③

～複合語の使い方～

Webおかわりもんだい 国語④をみてね

勉強日　月　日

点数　点

答え▶別冊18ページ

1 次の二つの言葉を組み合わせて複合語を作りましょう。（1つ4点 20点）

〈例〉貸す ＋ 出す → 貸し出す

① 受ける ＋ 取る

② 持つ ＋ 上げる

③ せまい ＋ 苦しい

④ むす ＋ 暑い

⑤ 見る ＋ 送る

2 次の複合語を、二つまたは三つの言葉に分けましょう。（1つ5点 20点）

〈例〉夜寒——夜 ＋ 寒い

① 目立つ

② 近道

③ 入学試験

④ 交通安全週間

3 次の言葉を組み合わせて複合語を作り、漢字で書きましょう。また、読みがなも書きましょう。（1つ3点 36点）

〈例〉ふね ＋ たび → 船旅［ふなたび］

① て ＋ かみ

② あめ ＋ と

③ かね ＋ もの

④ はな ＋ ち

⑤ おや ＋ こころ

⑥ かぜ ＋ くるま

4 次の言葉を使った複合語を二つずつ作りましょう。（1つ6点 24点）

① 回る

② 力（ちから）

なるほど！

「風車」には、「ふうしゃ」と「かざぐるま」という二通りの読み方があるね。
「人気」「大事」「色紙」などにも、二通りの読み方があるよ。

おかわりもんだい 別冊18ページ

説明文の読み取り④
～要旨《ようし》をとらえよう～

勉強日　　月　　日

点数
点

答え▶別冊18ページ

1 次の文章を読んで、問題に答えましょう。

1つ20点　60点

現代社会ではコンピューターの前に座《すわ》っての研究が多くなっている。失敗を如何《いか》に少なくするかを考慮《こうりょ》した※ローリスク・ハイリターンを目標とした効率主義の流れがある。しかし、人々は屋外に出ての※フィールドワークを通じて自然に学ぶ姿勢《しせい》、つまり、フィールドでの観察による直観力や感性を磨《みが》けば、※ブレークスルーの糸口ともなる新しい※シーズを見出《みいだ》せることも忘《わす》れてはいけない。自然界の驚《おどろ》くべきことに出くわした時の感動を味わえるのも研究者の醍醐味《だいごみ》かもしれない。方向付けの決まった分野は比較的《ひかくてき》進みやすいかもしれないが、少々時間がかかっても、現場で汗《あせ》をかいて、未知の分野にチャレンジする精神を持ち続けてほしいものである。

※ローリスク・ハイリターン…危険《きけん》が少なく、見返りが大きいこと。
※フィールドワーク…現地で行う調査や研究。
※ブレークスルー…行きづまりを打開すること。
※シーズ…製品開発で生み出される技術や材料。

（大﨑茂芳《おおさきしげよし》『糸を出すすごい虫たち』より）

● この文章で筆者はどんなことを言いたいのですか。□に入る言葉をそれぞれの字数でぬき出しましょう。

□□□□□□□の前に座《すわ》って□□ばかりいるのではなく、屋外に出て、□□に学んで、□□□□□にチャレンジする精神を持ち続けてほしい。

2 次の文章を読んで、問題に答えましょう。

1つ10点　40点

いつもの人間関係の中にいるかぎり、その仲間たちの視線《しせん》を裏切《うらぎ》れない。視線《しせん》の拘束力《こうそくりょく》は非常に強く、ちょっとでもいつもと違《ちが》う自分が出たりすれば、何だか違《ちが》うなと感じた周囲の仲間たちから訝《いぶか》しげな目で見られる。

「どうしたんだ、お前らしくないな」みたいに言われるのが面倒《めんどう》なため、いつもの自分が窮屈《きゅうくつ》に感じても、ちょっと違《ちが》う面を出したい気分に誘《さそ》われても、いつもの自分に収《おさ》まるように自分を抑《おさ》える。

このように身近にかかわっている人たちの視線《しせん》を裏切《うらぎ》るのは非常に難《むずか》しい。違《ちが》う自分も見てみたいと思うとき、自分の殻《から》を破りたい衝動《しょうどう》に駆《か》られるとき、自分がいかに周囲の視線《しせん》にがんじがらめに縛《しば》られているかに気づく。

だからこそ、新たな自分を見てみたいと思うなら、習慣化したかかわりの世界から思い切って飛び出してみることだ。

（榎本博明《えのもとひろあき》『〈自分らしさ〉って何だろう？　自分と向き合う心理学』より）

● この文章で筆者はどんなことを言いたいのですか。□に入る言葉をぬき出しましょう。

仲間たちの□を裏切《うらぎ》るのは難《むずか》しいので、□な自分を見たいなら、□したかかわりの世界から思い切って□とよい。

なるほど！
「醍醐味《だいごみ》」の「醍醐《だいご》」とは、牛や羊の乳《ちち》で作られた、こくてあまい液体のことだと言われているよ。昔、最もおいしい味と言われていたんだって。

物語の読み取り④
～人物像を読み取ろう～

点数　　　点

勉強日　　月　　日

答え▼別冊19ページ

1 次の文章を読んで、問題に答えましょう。

1つ20点　40点

クロアゲハのゆくえに目をやっていた淳司《じゅんじ》は、うしろからいきなり、どんと背中《せなか》をつかれた。いたずらっぽい松本民子《まつもとたみこ》の目がくりくりわらっていた。

「ばかァ、おどかすな。それでなくてもびくびくしてんだぞ。」

淳司《じゅんじ》は通知表のはいっている手さげ袋《ぶくろ》を、民子《たみこ》につきだすようにした。

「なあんだ。それか。日ごろの心がけと実績がものをいうのよ。もらってからじたばたしたって、だァめ。」

「えらそうにいってくれるよな。そっちはどうなんだ？」

「えへへへぇ……。あたしの目と同じで、いささか下がり目ってとこかな。でも、うちのお父ちゃん成績のことあれこれいわないから、気がらく。成績なんて、上がり目も下がり目も、くるっとまわってニャンコの目。たいしたこっちゃないの。」

（木暮正夫《こぐれまさお》『街かどの夏休み』より）

① 「びくびくしてんだぞ」とありますが、淳司《じゅんじ》は何にびくびくしているのですか。三字でぬき出しましょう。

□□□を家の人に見せること。

② この文章から、民子《たみこ》のどんな性格が読み取れますか。次から一つ選び、記号で答えましょう。

ア　細かいことを気にするおくびょうな性格。
イ　明るくてあっけらかんとした性格。
ウ　人を困《こま》らせて楽しむいじわるな性格。

□

2 次の文章を読んで、問題に答えましょう。

1つ20点　60点

北海道に行っていた写真家の父親が、男の子を連れて帰ってきた。

「さっき紹介《しょうかい》しただろ？　翔太《しょうた》だよ。あ、そういやおまえ何歳《なんさい》だっけ」

翔太《しょうた》が指を四本立てた。

「四歳《よんさい》だ」

平然と答えるとうちゃんに、さすがの※三音《みおん》も返すことばを失っている。

「そういえば、かあちゃんは？」

「※結介《ゆうすけ》の迎《むか》え。スーパー寄ってくるって」

力なく答えるオレに、とうちゃんは「迎《むか》えの時間かぁ」とのんきに言いながら、スープを最後まで飲《の》み干《ほ》した。

とうちゃんは昔っから自由人だ。あれこれこだわらないし、オレたちのすることに対しても、基本、ダメって言うことはない。

そういうところが、フトコロでかいって言う人もいるけど言いかたをかえると、ただいいかげんってことだと思う。

（いとうみく『唐木田《からきだ》さんち物語』より）

※三音《みおん》・結介《ゆうすけ》…「オレ」の妹と弟。

● 「オレ」は、父親をどのように思っていますか。□に入る言葉をぬき出しましょう。

あれこれ［　　　］性格であり、

［　　　］でかいと言う人もいるが、

ただ［　　　］なのだと思っている。

なるほど！

「平然」の「然」は、「平」の下について、状態を表す言葉を作る働きをしているよ。「公然」「厳然《げんぜん》」「歴然」などの「然」も同じだよ。

言葉のきまり
～修飾語と言葉の使い方～

Webおかわりもんだい 国語⑤をみてね

勉強日　　月　　日

点数　　点

答え▼別冊19ページ

1 次の文から修飾語《しゅうしょくご》を探《さが》して、記号で答えましょう。（1つ5点 20点）

① アきれいな　イアサガオが　ウさいた。 □

② アようやく　イ宿題が　ウ終わった。 □

③ アお父さんは、　イどんな　ウ人ですか。 □

④ ア赤い　イ自動車が　ウ通りすぎる。 □

2 （　）の中の言葉を、正しい形に書き直しましょう。（1つ5点 30点）

① 海は（広い）て、大きい。 □

② （多い）ば多いほどいい。 □

③ 昔は（よい）た。 □

④ 辺りが（静かだ）なる。 □

⑤ （健康的だ）生活。 □

⑥ 花火は（きれいだ）た。 □

3 〰〰線の言葉が修飾《しゅうしょく》している言葉を探《さが》して、記号で答えましょう。（1つ5点 20点）

① 小さい　ア犬が　イ全速力で　ウ走る。 □

② 遠くに　ア高い　イ山が　ウ見える。 □

③ ア兄は　ゆっくり　イ駅へ　ウ向かった。 □

④ とつぜん　ア電車が　イ止まったので、ウ乗客の　エ多くは　オおどろいた。 □

4 次の□に当てはまる言葉を書きましょう。（1つ6点 30点）

① まるで雪の□白い。

② たぶん晴れる□。

③ ちっとも暑く□。

④ よもやそんなことはある□。

⑤ もし友達に会っ□伝えてほしい。

なるほど！ 動作や様子を表す言葉には、使い方によって形が変わるものがあるよ。形が変わることを「活用」といって、中学校でくわしく学習するよ。

おかわりもんだい 別冊19ページ

漢字⑥
～送りがなに気をつける漢字～

Webおかわりもんだい 国語③をみてね

勉強日　　月　　日

点数　　点

答え▼別冊19ページ

1 ——線の漢字の読みがなを書きましょう。（1つ4点 20点）

① 練習量が増える。［　　］
② 実力が増す。［　　］
③ 冷たい水に手をひたす。［　　］
④ すいかを冷やす。［　　］
⑤ お湯を冷ます。［　　］

2 次の漢字の中で、送りがながつかない訓読みを持っているものに○をつけ、その訓読みを［　］に書きましょう。（1つ6点 24点）

① 帯　着　動　伝［　　］
② 疑　志　激　貸［　　］
③ 近　富　認　等［　　］
④ 借　再　勢　仮［　　］

3 □に漢字と送りがなを書きましょう。（1つ7点 56点）

① この問題は［　　］。　やさしい
② 正しいのは［　　］。　あきらかだ
③ 高い山々が［　　］。　つらなる
④ ［　　］山道を行く。　けわしい
⑤ 潮風《しおかぜ》が［　　］。　こころよい
⑥ 子どもたちを［　　］。　ひきいる
⑦ 実力を［　　］。　やしなう
⑧ 入り口に［　　］。　みちびく

なるほど！
「冷ます」は、同じ訓の「覚ます」との使い分けに注意しよう。「覚ます」は、「目を覚ます」のように使うよ。

おかわりもんだい 別冊19ページ

15 説明文の読み取り③

〜事実と筆者の考えを読み分けよう〜

勉強日　　月　　日

点数　　点

答え▶別冊20ページ

1 次の文章を読んで、問題に答えましょう。

以前、三歳《さんさい》くらいの子供《こども》を連れて散歩していたとき、むこうから学生風の女性がすごいスピードで自転車でやってきて、その子供《こども》と接触《せっしょく》したことがありました。子供《こども》が転んで泣いたのですが、その人は、「すみません、だいじょうぶですか、すみません、すみません」とちょっと止まって言っただけで、そのまま、また猛《もう》スピードで走り去って行きました。謝《あやま》らないのに比べるとまだましですが、あくまで形式的です。つまり、形の上では謝《あやま》っていますが、これでは、本当に心を込《こ》めた謝罪とは言えないでしょう。「とりあえず謝《あやま》っておいて逃《に》げる」という「謝《あやま》り逃《に》げ」だと思われてもしかたありません。

では、謝《あやま》る場合にはどのようなことが大切なのでしょうか。まず、最も大切なことは、相手にとって不利益が生じたことを認定《にんてい》し、それに対する自分の申《もう》し訳《わけ》ないという気持ちを伝えることです。

（森山卓郎《もりやまたくろう》『コミュニケーションの日本語』より）

①この文章では、筆者のどんな体験を述べていますか。□に入る言葉をぬき出しましょう。　1つ10点　20点

子供《こども》と接触《せっしょく》した□が、□に謝《あやま》っただけで走り去っていった体験。

②筆者が謝《あやま》る場合に大切だと考えることが書かれた文の最初の五字をぬき出しましょう。　20点

□□□□□

2 次の文章を読んで、問題に答えましょう。　1つ20点　60点

こころは自分のなかのどのあたりにひそんでいるのであろうか。頭のなかか。胸《むね》のうちか。それとも腹《はら》の底か。「ものいわぬは腹《はら》ふくるる」などといい、「腹《はら》が立つ」といい、「腹《はら》を割《わ》って話そう」ともいい、「腹黒《はらぐろ》い」といった表現もあるところをみると、日本人はこころの所在をどうやら腹部《ふくぶ》あたりに考えてきたようである。しかし、「胸《むね》に秘《ひ》める」「胸《むね》が痛《いた》む」「胸《むね》が騒《さわ》ぐ」、あるいは、「胸《むね》に手を当てて考える」とか、「胸《むね》をなでおろす」というような言葉遣《ことばづか》いから考えると、日本人はこころのありかを胸《むね》に求めてきたふうにもとれる。それに対して「あたま」「かしら」「こうべ」、すなわち頭部を用いた表現は意外に少ない。「あたまにきた」とか、「あたまを使え」とか、「あたまが悪い」、「あたまが痛《いた》い」などともいうが、これらはいずれも近年の使い方で、表現の数から判断すると、日本人は長いあいだこころが胸《むね》と腹《はら》にすわっているように表象※してきたのではあるまいか。

（森本哲郎《もりもとてつろう》『日本語　表と裏《うら》』より）

※表象…イメージ。

●筆者は、日本人はこころが体のどのあたりにあるとイメージしてきたと考えていますか。□に入る言葉をそれぞれの字数でぬき出しましょう。

「頭」「胸《むね》」「腹《はら》」を使った□□の数から判断すると、「□」と「□」ではないかと考えている。

「腹《はら》」「胸《むね》」の部首は「⺼（にくづき）」で、体に関係する意味を持つよ。
「服」などの「⺼（つきへん）」とはちがう部首なので注意しよう。

なるほど！

物語の読み取り③
～気持ちを読み取ろう～

勉強日　　月　　日

点数　　点

答え▶別冊20ページ

1 次の文章を読んで、問題に答えましょう。 1つ30点 60点

白旗がすぐそこに見える。そのくせなかなか近づかない。波にゆれて、上下左右に旗が動いていた。あと十メートルのところで、体がずしんと重くなった。おぼれるっ。めちゃくちゃな犬かき泳ぎになった。ゼヒイゼヒイと息が苦しい。あと五メートル、三メートル、がぶっと水を飲んだ。息がつまって目をむいた。しずみかけていた。夢中で右手をのばしたら、オレンジ色の第二ブイだった。必死で丸いブイにしがみつく。ゲホゲホッとせきこんだ。それでも生きていた。しがみついたブイには白旗が立てられていた。見あげると、真っ青な空を背景《はいけい》にゆうゆうとはためいていた。息はまだみだれていたが、なぜか恐怖心《きょうふしん》はなくなっていた。とたんに海水浴客の声が耳に入ってきた。体はまだ水をこわがってどきどきしていたが、（やったあ）と気持ちはうきたった。はじめて白旗まで来れたんだ。

（横山充男《よこやまみつお》『少年の海』より）

① 泳いでいる間、主人公にはどんな気持ちがあったかがわかる言葉を、文章中から三字でぬき出しましょう。

② 白旗が立てられたブイにたどりついた主人公の気持ちを次から一つ選び、記号で答えましょう。

ア　達成感　　イ　不安感
ウ　無力感　　エ　緊張《きんちょう》感

2 次の文章を読んで、問題に答えましょう。 40点

貧しい農家の次男である庄九郎《しょうくろう》は、山を切り開いて新しい村を作る移住者を役所が集めていると聞き、行くかどうか迷っていた。庄九郎《しょうくろう》の母は病《や》み上《あ》がりで、今は寝床《ねどこ》にいる。

一番の気がかりは母親のことだった。年をとって体も痛《いた》んできている。なによりユキ※との折り合いがわるくて気苦労が絶えないだろう。それなのに、頼《たの》みの長男は当てにならなかった。庄九郎《しょうくろう》はここにいて母を守らなければならないとも思っている。

母が庄九郎《しょうくろう》の目をとらえた。

「わたしのことなら、ほっとけ」

「でも……」

いいかけた庄九郎《しょうくろう》を、母がまばたきもしないでにらんでいる。

「いけ。いけるところがあるなら、どこにでもいけ」

母親が、にぎった庄九郎《しょうくろう》の手に力を込《こ》めた。病《や》み上《あ》がりの母の、どこにそんな力が残っていたのかと驚《おどろ》くほどに、強かった。

「若《わか》いもんは、先をみるもんだ。少しでも明かりがあったら、そっちへいかにゃならん」

（中川《なかがわ》なをみ『有松《ありまつ》の庄九郎《しょうくろう》』より）

※ユキ…庄九郎《しょうくろう》の兄の妻。

チャレンジもんだい

●「まばたきもしないでにらんでいる」ときの、母の思いを、「新しい世界」という言葉を使って書きなさい。

なるほど！　「白旗」は、白い旗という意味だけど、戦意のないことを示すときに使う旗でもあるよ。「白旗をかかげる」で、降参《こうさん》するという意味を表すよ。

作文①
～理由を示して意見を書こう～

Webおかわりもんだい 国語⑥をみてね

勉強日　　月　　日

点数　　点

答え▶別冊20ページ

1 次の〈意見〉に対して、賛成の立場から、その意見を支持する理由として、あとの［　］に示した事がらが挙がりました。その三つの理由の中から一つ選んで、賛成の立場で意見文を書きましょう。 40点

〈意見〉

方言は大切に守っていくべきである。

〈賛成する理由〉

・方言だと気取らずに会話できる。
・その地方に伝わってきた文化だといえる。
・いろいろな日本語を話せたほうが楽しい。

わたしは、この意見に賛成です。

2 次の〈構成メモ〉をもとに、「かたかな言葉の問題点」についての意見文を書きましょう。 60点

〈構成メモ〉

意見	・伝えたいことを説明する場合は、できるだけかたかな言葉を使わないほうがよい。（意見）
理由や根拠《こんきょ》	・かたかな言葉には、意味がわからないものが多い。（理由） ・クラスでも、意味がわからなくて困《こま》った経験のある人は多い。（アンケート結果）

なるほど！
医学に関するかたかな言葉には、ドイツからやってきたものが多いよ。
「カルテ」や「ガーゼ」がそうだよ。

漢字⑤
～漢字の形と音・意味～

Webおかわりもんだい 国語③をみてね

勉強日　　月　　日

点数　　点

答え▶別冊21ページ

1 次の□に当てはまる漢字を下の[ ]から選んで書きましょう。（1つ6点 54点）

①
規□を守る。
体重を□定する。
箱の□面に色をぬる。

[則　測　側]

②
野□部に入る。
要□をつきつける。
□助にかけつける。

[球　救　求]

③
冷□に判断する。
□神を集中する。
□天にめぐまれる。

[精　晴　静]

2 次の各組の□に共通して当てはまる部分をあとの[ ]から選んで、□に書きましょう。（1つ5点 10点）

① □尺　□舌　□売　□

② 客□　彦□　豆□　□

[糸　貝　頁　言　忄]

3 次の部分を持つ漢字を二つずつ書き、その部分が表す意味をあとの[ ]から選んで、記号で答えましょう。（1つ6点 [illegible]点）

① 氵（さんずい）　（漢字）□　（漢字）□　（記号）□

② 月（にくづき）　（漢字）□　（漢字）□　（記号）□

[
ア　天体に関係のある漢字に使われる。
イ　体に関係のある漢字に使われる。
ウ　水に関係のある漢字に使われる。
]

なるほど！
「球」の部首は、「𤣩（たまへん・おうへん）」。「玉」をもとにしてできた部首で、美しい玉や宝石《ほうせき》という意味を持つよ。

おかわりもんだい　別冊21ページ

説明文の読み取り②

～説明の内容を読み取ろう～

勉強日　　月　　日

点数　　点

答え▶別冊21ページ

1 次の文章を読んで、問題に答えましょう。

郊外《こうがい》を歩いてみると、場所によってクモの成長が異《こと》なっていることがわかります。日当たりの影響《えいきょう》もありますが、一番大きな要因は、クモにとっての食料が豊富かどうかです。昆虫《こんちゅう》が頻繁《ひんぱん》に飛んでくるところに生息しているクモは、食料に困《こま》らないので成長が速いのです。□、獲物《えもの》があまり飛んでこないところのクモの成長速度は遅《おそ》いことがわかります。そのため、クモは獲物《えもの》を確保するためには、いかに良い条件のところに巣を張るかがキーポイントとなります。

（大崎茂芳《おおさきしげよし》『クモの糸の秘密《ひみつ》』より）

① 場所によってクモの成長が異《こと》なる要因には、どういうことがありますか。□に入る言葉をぬき出しましょう。　1つ10点　20点

□の影響《えいきょう》のほかに、クモにとっての□が豊富かどうかということ。

② 文章中の□に入る言葉を次から一つ選び、記号で答えましょう。　20点

ア　そこで　　イ　まず
ウ　一方　　エ　つまり

□

③ クモが獲物《えもの》を確保するためには、どんなことが大切ですか。□の字数でぬき出しましょう。　20点

□□□□のところに巣を張るということ。

2 次の文章を読んで、問題に答えましょう。　1つ10点　40点

インスタント食品などの加工食品は口あたりがよく、やわらかく、食べやすく作られています。調理もすぐできるので、人気があります。その余波を受けて、食卓《しょくたく》から自然をイメージできるものがどんどん減っています。

魚の姿《すがた》がそのまま見える焼き魚、煮魚《にざかな》は、給食で人気がありません。家庭でお母さんに骨《ほね》をはずしてもらっている人が、小・中学生のうち、四人に一人はいるといわれています。給食では自分で骨《ほね》をとらなければなりません。メンドッチイ（めんどうくさい）し、手に塩や油分がつくとバッチイ。そのうえ魚の目玉がキモイ（気持ち悪い）ので、食べのこしが多くなるようです。

（森住明弘《もりずみあきひろ》『新版　環境《かんきょう》とつきあう50話』より）

① 「インスタント食品などの加工食品」は、どんな食品ですか。□に入る言葉をぬき出しましょう。

□がよく、やわらかく、□作られており、□がすぐできる食品。

チャレンジもんだい

② 「魚の姿《すがた》がそのまま見える焼き魚、煮魚《にざかな》」は、どんなものの例ですか。□に入る言葉をぬき出しましょう。

食卓《しょくたく》で□もの。

なるほど！　「魚」は、魚の形をかたどって作られた漢字だよ。

物語の読み取り②

～人物の様子を読み取ろう～

勉強日　　月　　日

点数　　点

答え▶別冊21ページ

1 次の文章を読んで、問題に答えましょう。

1つ25点　50点

二郎《じろう》は、久里《くり》らとともに、克《かつ》ちゃんのお別れ会として、多摩川《たまがわ》の最初の一滴《いってき》を見るためのキャンプに出かけた。まず妹の四樹《しき》が、源流《げんりゅう》の最初の一滴《いってき》をコップに受けた。

一滴《いってき》ずつたまっていく水を見ていた四樹《しき》が、突然《とつぜん》目をつぶって、両手を合わせた。

「何してんだよ。」と、二郎《じろう》は聞いた。

「お祈《いの》り。」と、四樹《しき》が答える。

「神さまってわけじゃないんだぞ。」

と二郎《じろう》が笑うと、すぐに久里《くり》が、

「ううん。ここ水神さまがまつってあるんだって。」

といって、大きな岩の上のほうを指さした。そこには、『水神社』と書かれた石板がある。それから、久里《くり》は、

「四樹《しき》ちゃん、何をお祈《いの》りしてるの？」と聞いた。

「またいつか、克《かつ》ちゃんに会えますように……。」

ちょっとの間、だれも口をきかなかった。やがて、克《かつ》ちゃんが、

「ぼくが引っこすとこ、この一滴《いってき》が、ずっと流れていく東京湾《わん》のもっと先の、太平洋の海の真ん中にあるんだ。船に乗って、遊びにおいでよ。」

といった。

（三輪裕子《みわひろこ》『最後の夏休み―はじまりの一滴《いってき》をめざして』より）

●「だれも口をきかなかった」のは、なぜですか。□に入る言葉をぬき出しましょう。

四樹《しき》の言葉によって、（　　　　）が遠くに（　　　　）ことを思い出したから。

2 次の文章を読んで、問題に答えましょう。

1つ25点　50点

「私《わたし》、謝《あやま》りたくて……」

心臓《しんぞう》がどくどくと胸《むね》をたたく。

「直子《なおこ》をひとりぼっちにして……」

緊張《きんちょう》しすぎて、うまく言葉がつづかない。

「すごく、すごく……」

「スミのせいじゃないよ」

声をつまらせる澄子《すみこ》のかわりみたいに、突然《とつぜん》、直子《なおこ》が言った。

「学校休んでたの、スミのせいじゃないから」

直子《なおこ》はそう言うと、ブランコの囲いにちょこんとおりをのせた。

「でも……私《わたし》、クラスでてっちゃんやカコといっしょにいるようになって、直子《なおこ》をひとりぼっちにさせたじゃん」

そんな澄子《すみこ》の言葉に、直子《なおこ》は首をかしげた。

「私《わたし》、それくらいで不登校になったりしないよ」

（草野《くさの》たき『教室の祭り』より）

●この場面において、澄子《すみこ》はどんな様子ですか。□に入る言葉をぬき出しましょう。

直子《なおこ》を（　　　　）にして、不登校にしたのは自分のせいだと思い、心臓《しんぞう》が（　　　　）ほどに緊張《きんちょう》しながら必死に謝《あやま》ろうとしている。

なるほど！

「太平洋」は、「平和の海」という意味の外国の呼《よ》び名《な》を日本語に訳《やく》したもの。
「太平」とは、「世の中が平和であること」を表す言葉だよ。

言葉②
～慣用句の意味と使い方～

Webおかわりもんだい 国語④をみてね

勉強日　　月　　日

点数　　点

答え▶別冊22ページ

1 次の慣用句の意味を、あとの[　]から選んで、記号で答えましょう。　1つ5点　25点

① 顔が売れる　[　]
② 鼻が高い　[　]
③ 口車に乗る　[　]
④ 舌《した》をまく　[　]
⑤ 首をつっこむ　[　]

ア 得意な様子。
イ 有名になる。
ウ うまい話にだまされる。
エ 自分から事がらに深く関係する。
オ 非常に感心する。

2 [　]に動物や植物の名前を書き、意味の通じる文を完成させましょう。　1つ5点　25点

① 君たちはそっくりだ。[　]二つだね。
② 二人は仲がいい。[　]が合うんだな。
③ これだけ？[　]のなみだだよ。
④ [　]の子の貯金箱をかくしている。
⑤ ふだんとちがって、[　]をかぶったように、おとなしい。

3 [　]に体の一部を表す漢字一字を入れて、それぞれ三つの慣用句を完成させましょう。　1つ5点　30点

① [　] を洗《あら》う／が向く／がつく
② [　] がすく／を打つ／が痛《いた》む
③ [　] にあまる／が高い／をつける
④ [　] を出す／を切る／を貸す
⑤ [　] がかたい／が重い／が軽い
⑥ [　] がつぶれる／にどろをぬる／が広い

チャレンジもんだい

4 次の人は、どんな人ですか。簡単《かんたん》に説明しましょう。　1つ10点　20点

① 気が置けない人。
[　　　　]

② こしの低い人。
[　　　　]

なるほど！　慣用句には、体の一部を表す言葉を使ったものも多いけれど、動植物や食品、道具を表す言葉を用いたものもたくさんあるよ。

おかわりもんだい　別冊22ページ

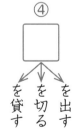

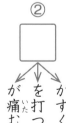

漢字④
～一学期に習った漢字～

Webおかわりもんだい 国語①②をみてね

勉強日　　月　　日

点数　　点

答え▼別冊22ページ

1 次の漢字を練習しましょう。

全部で 20点

難	背	腹	訪	密	模	臨	律
ナン むずか-しい	ハイ せ せい	フク はら	ホウ たず-ねる	ミツ	モ ボ	リン	リツ

2 ——線の漢字の読みがなを書きましょう。

1つ10点 40点

① 背後に人の気配がした。〔　　〕

② となり町に住む友達を訪ねる。〔　　〕

③ 精密な機械をあつかう会社。〔　　〕

④ 新たな法律を制定する。〔　　〕

3 □に漢字を書きましょう。

1つ10点 40点

① □□《なんかい》ななぞにいどんだ。

② 山の□□《ちゅうふく》でひと休みした。

③ □□《きぼ》の大きい工事が始まった。

④ □□《りんじ》列車に乗る。

なるほど！ 「背」には、「せ」と「せい」という二つの訓読みがあるよ。「背比《せいくら》べ」などの場合に「せい」と読むよ。

おかわりもんだい 別冊22ページ

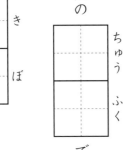

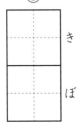

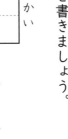

7 漢字③
～一学期に習った漢字～

Webおかわりもんだい
国語①②をみてね

勉強日　　月　　日

点数　　点

答え▶別冊22ページ

1

次の漢字を練習しましょう。

全部で20点

砂	幼	視	処	署	収	存	展
サ すな	ヨウ おさな・い	シ	ショ	ショ	シュウ おさ・める おさ・まる	ソン ゾン	テン
砂	幼	視	処	署	収	存	展

2

――線の漢字の読みがなを書きましょう。

1つ10点　40点

① 幼なじみといっしょに遊んだ。〔　　〕

② いらなくなった家具を処分した。〔　　〕

③ 消防署から救急車が出動する。〔　　〕

④ 子どもの絵画を展示する。〔　　〕

3

□に漢字を書きましょう。

1つ10点　40点

① 公園の□《すな》□《ば》で幼児《ようじ》が遊んでいる。

② 森をぬけると□《し》□《かい》が開けた。

③ 不用品を□《かい》□《しゅう》する。

④ 食品を冷蔵庫《れいぞうこ》で□《ほ》□《ぞん》する。

なるほど！

「視」の部首は、「礻（しめすへん）」ではなく、「見（みる）」だよ。
「視」には「見る」の意味があることから覚えておこう。

おかわりもんだい　別冊22ページ

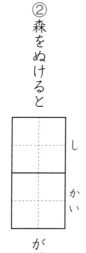

6 説明文の読み取り①

～話題を読み取ろう～

勉強日　　月　　日

点数　　　点

答え▶別冊23ページ

1 次の文章を読んで、問題に答えましょう。

電話で、私《わたし》たちは最初に「もしもし」と言う。ふだん使っているのでなんとも思わないが、考えてみれば不思議である。しかし、最初に使用されたのが役所と役所の間であったことから、その理由を知ることができる。

明治維新《いしん》後、役所につとめる吏員《※りいん》は武家またはそれに準じる人々が多く、電話の第一声として、

「もうし、もうし、そこを行かれる方」

などという武家の使った呼《よ》び方《かた》のもうしという言葉から、「もし、もし」という言い方が使われ、それが百年以上もたった現在でも使われているのである。

（吉村《よしむら》　昭《あきら》『事物はじまりの物語』より）

※吏員《りいん》…役所につとめる人。公務員。

①この文章は、何について述べたものですか。（20点）

電話で最初に言う「　　　　」の由来。

②電話で「もしもし」が使用されるようになった理由をどのように説明していますか。□に入る言葉をそれぞれの字数でぬき出しましょう。（1つ10点　30点）

最初に使用されたのが役所と□□の間で、役所につとめる吏員《りいん》は□□の人が多く、かれらが使った呼《よ》び方《かた》の□□□という言葉から、「もし、もし」という言い方が使われたから。

2 次の文章を読んで、問題に答えましょう。（1つ10点　50点）

春先になると①植物の若葉《わかば》が広がり、②昆虫《こんちゅう》の幼虫《ようちゅう》（毛虫）が蠢《うごめ》き始め、③鳥が卵《たまご》をかえしてヒナの養育を開始します。実は、自然界がこの①―②―③の順序で春を迎《むか》えるということが、野生の生物にとってとても重要なことなのです。昆虫《こんちゅう》の毛虫は柔《やわ》らかい葉っぱしか食べられませんから、幼虫《ようちゅう》が蠢《うごめ》き始める頃《ころ》には植物に新緑が芽を出していなければなりません。また、鳥はかえったばかりの幼《おさな》いヒナに毛虫を餌《えさ》として与《あた》えますから、鳥が孵《ふ》化《か》してヒナとなるころには毛虫が蠢《うごめ》き始めていなければなりません。このように、植物の新緑の葉―毛虫―ヒナが、ほぼ同じ頃《ころ》に順序を違《たが》えずに育っている必要があり、その順序が狂《くる》うと野生生物が死に絶えることになりかねないのです。

（池内《いけうち》　了《さとる》『なぜ科学を学ぶのか』より）

①この文章は、何について述べたものですか。

春に生物が育つ「　　　　」の重要性。

②この文章では、どんなことが説明されていますか。□に入る言葉をそれぞれの字数でぬき出しましょう。

春のほぼ同じ頃《ころ》に、□□→□□→□□という順で育っている必要があり、これが狂《くる》うと、野生生物が□□□□ことになりかねないということ。

なるほど！ 「卵」という漢字は、魚や虫などの「たまご」の形をかたどって作られたよ。

国語

5 物語の読み取り①

～場面を読み取ろう～

勉強日　　月　　日

点数　　　点

答え▶別冊23ページ

1 次の文章を読んで、問題に答えましょう。

大っきらいな水泳の最終日をようやくなんとかやりすごし、やっと明日から夏休み！　という夜だった。

「なつき、夏休みのあいだ、※よしひろとふたりで鳥取のばあちゃんちに行ってくれんか。」

突然《とつぜん》、とうさんがいいだした。なにげをよそおって、でもすっかり青ざめた顔色で。

「えー、なにそれ。」

ばあちゃんの顔もろくに覚えてないのに、なんでそんなとこ行くわけ？　※恵理《えり》といっぱい約束したのに、どうすんの？　夏休みのあいだって、ずっとって意味？　パニックになった頭の中をかけめぐるたくさんのクエスチョンマークたちが全部、次のとうさんの言葉ではじけてとんだ。

（八束澄子《やつかすみこ》『海で見つけたこと』より）

※よしひろ…なつきの弟。
※恵理《えり》…なつきの友達。

① この場面は、いつの出来事ですか。　20点

□の前日。

② だれが、どんなことをしている場面ですか。□に入る言葉をぬき出しましょう。　1つ10点　20点

□が、父親から、夏休みのあいだ、よしひろとふたりで□に行ってくれないかと言われ、突然《とつぜん》のことに混乱《こんらん》している場面。

2 次の文章を読んで、問題に答えましょう。　1つ20点　60点

さっちんは靴《くつ》を追いかけて、川岸を走りだした。走りながらさっちんは、

「※ユメ！　わたしの靴《くつ》が！　どうしよう。ユメ！　おにいちゃんよんできてよ、ユメ！」

とさけんだ。

ユメは、さっちんの言葉をききわけようとするように、首をかしげ、そして、走りだした。

そのすぐあとだ。おもいがけないことがおこったのは。とつぜん、ユメが、川にとびこんだのだ。

「わあ、ユメ!!」

さっちんとぼくは、同時にさけんだ。

ユメは、さっちんの靴《くつ》に泳ぎより、がっちりと靴《くつ》をくわえた。

赤い靴《くつ》をくわえたまま、ユメは流されていく。

（山末《やますえ》やすえ『ユメのいる時間に』より）

※ユメ…さっちんの飼い犬。

● この文章は、どんな場面をえがいていますか。□に入る言葉をぬき出しましょう。

川に流された□の赤い靴《くつ》を、ユメが、川にとびこんでがっちりと□が、そのまま□という場面。

なるほど！
クエスチョンマークは「？」のマークのことだね。「！」のマークは、「エクスクラメーションマーク」というよ。

4 言葉①

～ことわざの意味と使い方～

Webおかわりもんだい 国語④をみてね

勉強日　　月　　日

点数　　点

答え▼別冊23ページ

1

次の□に当てはまる言葉をあとの[　]から選んで、記号で答えましょう。 1つ5点 30点

① □でたいをつる

② □に小判

③ □の耳に念仏

④ □に金棒《かなぼう》

⑤ □も木から落ちる

⑥ とらぬ□の皮算用《かわざんよう》

ア ねこ　イ おに　ウ えび
エ たぬき　オ ぶた　カ 馬
キ さる　ク ねずみ

2

次の□に当てはまる数字を漢字で書き、ことわざを完成させましょう。 1つ4点 32点

① □寸《すん》先はやみ

② 仏の顔も□度

③ 腹《はら》□分目に医者いらず

④ 石の上にも□年

⑤ □聞は□見にしかず

⑥ □転び□起き

3

次のことわざの意味を、あとの[　]から選んで、記号で答えましょう。 1つ6点 18点

① 良薬は口に苦し

② 灯台もと暗し

③ 石橋をたたいてわたる

ア 身近なことはわかりにくい。
イ 本当の忠告《ちゅうこく》は聞きづらい。
ウ 用心深い。
エ 欠点を直す。

4

チャレンジもんだい

次の――線のことわざは、使い方がまちがっています。ことわざの正しい意味を書きましょう。 1つ10点 20点

①「つよし君が困《こま》っているけど、助けないでおこう。情けは人のためならずと、言うじゃないか。」

②「かわいい子には旅をさせよと言うんだから、海外旅行に連れていってよ、お父さん。」

なるほど！ 生き物の名前を使ったことわざには、ほかに「犬も歩けば棒《ぼう》に当たる」「能あるたかはつめをかくす」など、たくさんあるよ。

おかわりもんだい 別冊23ページ

漢字②
～一学期に習った漢字～

Webおかわりもんだい 国語①②をみてね

勉強日　　月　　日

点数　　点

答え▶別冊24ページ

1 次の漢字を練習しましょう。 全部で20点

供	捨	警	券	従	呼	誤	刻
キョウ そな-える とも	シャ す-てる	ケイ	ケン	ジュウ したが-う したが-える	コ よ-ぶ	ゴ あやま-る	コク きざ-む
供	捨	警	券	従	呼	誤	刻

2 ——線の漢字の読みがなを書きましょう。 1つ10点 40点

① ごみをごみ箱に捨てる。〔　　〕

② 交差点で警察官が交通整理をしている。〔　　〕

③ 先生の指示に従った。〔　　〕

④ 大きな声で友達の名前を呼ぶ。〔　　〕

3 □に漢字を書きましょう。 1つ10点 40点

① お墓に故人が好きだった花を□《そな》えた。

② 窓口《まどぐち》で□□□《にゅうじょうけん》を買った。

③ 作文の中に言葉の□《あやま》りがあった。

④ 約束の□□《じこく》がせまってきた。

なるほど！ 「刻」の部首は、「刂（りっとう）」。この部首の漢字には、「切る」ことに関係する意味のものが多いよ。

おかわりもんだい 別冊24ページ

漢字①
～一学期に習った漢字～

Webおかわりもんだい
国語①②をみてね

勉強日　月　日

点数
点

答え▶別冊24ページ

1

次の漢字を練習しましょう。

全部で20点

異	域	吸	勤	映	恩	疑	簡
イ こと	イキ	キュウ す-う	キン つと-める つと-まる	エイ うつ-る うつ-す	オン	ギ うたが-う	カン
異	域	吸	勤	映	恩	疑	簡

2

——線の漢字の読みがなを書きましょう。

1つ10点 40点

① 異なる文化を学ぶ。〔　〕

② 地域のもよおしに参加する。〔　〕

③ テレビで昔の映画を見る。〔　〕

④ 先生は多くのことを教えてくれた恩人だ。〔　〕

3

□に漢字を書きましょう。

1つ10点 40点

① 胸《むね》いっぱいに空気を□《す》う。

② 会社に□《つと》める。

③ 小屋は□□《かんそ》な造りだった。

④ 本当かどうか□□《ぎもん》だ。

国語

なるほど！

「映る」「映す」には、同じ訓の漢字があるよ。「鏡に映す」「黒板の文字を写す」「家具を移す」のように、区別して使おう。

おかわりもんだい 別冊24ページ

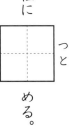

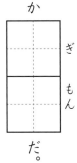

1 五年生の復習

勉強日　　月　　日

点数　　点

答え▼別冊24ページ

1 ――線の漢字の読みがなを書きましょう。

1つ5点 40点

① 自然を保護する。〔　　　〕

② 演出に工夫《くふう》をこらす。〔　　　〕

③ ボランティアに興味がある。〔　　　〕

④ 貿易の相手国を調べる。〔　　　〕

⑤ 旅館業を営む。〔　　　〕

⑥ 委員会を運営する。〔　　　〕

⑦ 遠足の準備をする。〔　　　〕

⑧ 運動会に備える。〔　　　〕

2 □に漢字を書きましょう。

1つ6点 60点

① □□《じょうしき》的に□□《たいおう》する。

② □□《じけん》を□□《ちょうさ》する。

③ □□《けんちく》士の□□《しかく》。

④ □《かい》適な生活を送る。

⑤ 問題を□《かい》決する。

⑥ 長い年月を□《へ》る。

⑦ 人口が□《へ》る。

なるほど！

「貿易」の「貿」という字は、お金と物を交かんする意味を表すよ。
「貝」がつく漢字にはお金と関係のあるものが多いよ。

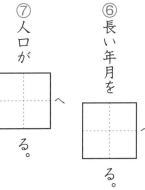

夏休み学習カレンダー

小学6年

このカレンダーの使い方

カレンダーに予定を書きこんで，夏休みのスケジュールを管理しましょう。また，勉強やお手伝いなどの目標を設定して夏休みの最後にふり返ってみましょう。

はじめに、◠の中に曜日を書こう。			その日の予定を書きこもう！宿題も忘《わす》れずにね。	〈例〉 18 ・算数プリントをやる ・ピアノのおけいこ	7月 19	20
21	22	23	24	25	26	27
28	29	30	31	8月 1	2	3
4	5	6	7	8	9	10
11	12	13	14	15	16	17
18	19	20	21	22	23	24
25	26	27	28	29	30	31

夏休みの目標とふり返り

まず目標を立ててみよう。夏休みの最後に，できたかどうか，ふり返ってみてね。

毎朝起きる時間

早ね早起きで生活リズムを整えよう！

目標　　時　　分ごろ　起きる！

ふり返り　　時　　分ごろ　起きた！

勉強

目標

例：「今まで習った漢字を完ぺきにする」「自由研究で〇〇をやる」など

ふり返り

運動

目標

例：「プールで50m泳げるようになる」

ふり返り

読書

目標　　冊《さつ》　読む！

好きなジャンルの本だとたくさん読めるかな？

ふり返り　　冊《さつ》　読んだ！

お手伝い

目標

例：「毎日おふろそうじをする」

ふり返り

その他

目標

ふり返り

夏休みの間にやりたいことなど，自由に書いてね！